La Constitution du 4 octobre 1958 :

Texte et explications simples pour étudiants en droit

Juliette ROLLOS

TABLE DES MATIÈRES

Titre 1 : De la souveraineté (Articles 2 à 4)

Titre 2 : Le Président de la République (Articles 5 à 19)

Titre 3 : Le Gouvernement (Articles 20 à 23)

Titre 4 : Le Parlement (Articles 24 à 33)

Titre 5 : Des rapports entre le Parlement et le Gouvernement (Articles 34 à 51-2)

Titre 6 : Des traités et accords internationaux (Articles 52 à 55)

Titre 7 : Le Conseil constitutionnel (Articles 56 à 63)

Titre 8 : De l'autorité judiciaire (Articles 64 à 66-1)

Titre 9 : La Haute Cour (Articles 67 à 68)

Titre 10 : De la responsabilité pénale des membres du Gouvernement (Articles 68-1 à 68-3)

Titre 11 : Le Conseil économique, social et environnemental (Articles 69 à 71)

Titre 11 bis : Le Défenseur des droits (Article 71-1)

Titre 12 : Des collectivités territoriales (Articles 72 à 75-1)

Titre 13 : Dispositions transitoires relatives à la Nouvelle-Calédonie (Articles 76 à 77)

Titre 14 : De la francophonie et des accords d'association (Articles 87 à 88)

Titre 15 : De l'Union européenne (Articles 88-1 à 88-7)

Titre 16 : De la révision (Article 89)

Le Gouvernement de la République, conformément à la loi constitutionnelle du 3 juin 1958, a proposé, Le Peuple français a adopté, Le Président de la République promulgue la loi constitutionnelle dont la teneur suit :

ARTICLE PRÉAMBULE

Le Peuple français proclame solennellement son attachement aux Droits de l'Homme et aux principes de la souveraineté nationale tels qu'ils ont été définis par la Déclaration de 1789, confirmée et complétée par le préambule de la Constitution de 1946, ainsi qu'aux droits et devoirs définis dans la Charte de l'environnement de 2004.

En vertu de ces principes et de celui de la libre détermination des peuples, la République offre aux territoires d'outre-mer qui manifestent la volonté d'y adhérer des institutions nouvelles fondées sur l'idéal commun de liberté, d'égalité et de fraternité et conçues en vue de leur évolution démocratique.

Les clés pour comprendre

Peuple français : L'ensemble des citoyens résidant en France.

Souveraineté nationale : Le principe selon lequel le pouvoir réside dans le peuple.

Libre détermination des peuples : Le droit des peuples à décider de leur propre statut politique et à poursuivre leur développement économique, social et culturel.

Résumé

Le préambule de la Constitution formalise l'attachement de la France aux droits de l'homme et au principe de la souveraineté nationale. Ces principes et droits doivent guider l'élaboration des lois de la République.

Décryptage

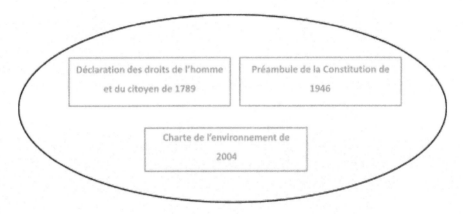

Bloc de constitutionnalité

Le préambule de la Constitution reconnaît les droits fondamentaux de la république française. Il s'agit des droits définis dans :

- La Déclaration des droits de l'homme et du citoyen de 1789,
- Le préambule de la Constitution de 1946
- La Charte de l'environnement de 2004 (on parle des droits de 3e génération).

Ces documents constituent avec la Constitution de 1958 et son préambule le bloc de constitutionnalité.

Le Conseil constitutionnel a reconnu la valeur constitutionnelle du Préambule de la Constitution dans sa décision du 16 juillet 1971 dite "Liberté d'Association".

ARTICLE 1

La France est une République indivisible, laïque, démocratique et sociale. Elle assure l'égalité devant la loi de tous les citoyens sans distinction d'origine, de race ou de religion. Elle respecte toutes les croyances. Son organisation est décentralisée.

La loi favorise l'égal accès des femmes et des hommes aux mandats électoraux et fonctions électives, ainsi qu'aux responsabilités professionnelles et sociales.

Les clés pour comprendre

République : Forme de gouvernement où les représentants du peuple sont élus.

Indivisible : Qui ne peut être divisé ou séparé.

Laïque : Qui est indépendant des organisations religieuses et qui garantit la liberté de croyance.

Démocratique : Système où le pouvoir est exercé par le peuple, généralement par le biais d'élections.

Décentralisée : Organisation où le pouvoir est réparti entre plusieurs entités ou niveaux de gouvernement.

Résumé

La France est un pays où le pouvoir appartient au peuple.

Elle assure à ses citoyens une égalité de traitement vis-à-vis de la loi et ce, indépendamment de leur race, origine ou religion.

En France, le pouvoir n'est pas seulement exercé depuis la capitale. Il est exercé dans tout le pays : certaines missions sont attribuées à des collectivités locales (régions, villes)

La loi assure que les femmes et les hommes aient les mêmes chances d'exercer un mandat électif.

Décryptage

Cet article définit les principes fondamentaux de la république française. Il est régulièrement utilisé par le Conseil constitutionnel pour juger de la conformité des lois à la constitution.

Exemple

Si une femme catholique et un homme juif commettent la même infraction en France, ils seront jugés de la même manière par la loi, sans discrimination liée à leur religion.

TITRE PREMIER :

DE LA SOUVERAINETÉ (ARTICLES 2 À 4)

ARTICLE 2

La langue de la République est le français.

L'emblème national est le drapeau tricolore, bleu, blanc, rouge.

L'hymne national est la " Marseillaise ".

La devise de la République est " Liberté, Egalité, Fraternité ".

Son principe est : gouvernement du peuple, par le peuple et pour le peuple.

Les clés pour comprendre

Langue de la République : La langue officielle utilisée par l'État français.

Emblème national : Symbole officiel représentant un pays.

Hymne national : Chanson patriotique officielle d'un pays.

Résumé

Cet article définit les principaux symboles de la République française.

Exemple

Tous les documents officiels français doivent être publiés en français, même si une langue régionale existe dans certaines régions.

Lors des événements sportifs internationaux, tels que les Jeux Olympiques, les sportifs français récompensés portent le drapeau français. Si l'un d'entre eux remporte une médaille d'or, l'hymne national français, la Marseillaise, sera joué.

ARTICLE 3

La souveraineté nationale appartient au peuple qui l'exerce par ses représentants et par la voie du référendum.

Aucune section du peuple ni aucun individu ne peut s'en attribuer l'exercice.

Le suffrage peut être direct ou indirect dans les conditions prévues par la Constitution. Il est toujours universel, égal et secret.

Sont électeurs, dans les conditions déterminées par la loi, tous les nationaux français majeurs des deux sexes, jouissant de leurs droits civils et politiques.

Les clés pour comprendre

Souveraineté nationale : Le principe selon lequel le pouvoir réside dans le peuple.

Représentants : Les personnes élues par le peuple (ex : députés, sénateurs)

Référendum : Vote qui permet aux citoyens de s'exprimer directement sur une question ou une loi.

Suffrage : Vote.

Résumé

En France, le pouvoir est exercé par le peuple. Celui-ci peut s'exprimer soit directement, soit indirectement par le biais de représentants.

Tous les citoyens français âgés de plus de 18 ans détiennent le droit de vote, sauf s'ils ne détiennent plus leurs droits civils et politiques.

Chaque électeur peut garder son vote secret. Par ailleurs, chaque vote a la même valeur.

Décryptage

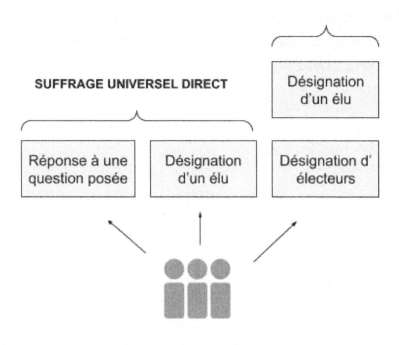

L'article 3 décrit les outils dont dispose le peuple français pour exercer la souveraineté nationale :

- Le suffrage universel direct ou indirect
- Le référendum

Cet article apporte par ailleurs les garanties nécessaires pour assurer la légitimité et l'intégrité du processus électoral :

- Le suffrage est universel et secret

Tous les suffrages sont égaux et ont la même valeur lors du dépouillement

Exemple

En l'an 2000, les Français ont décidé de réduire la durée du mandat du Président de la République de 7 à 5 ans par la voie du référendum. 73% des Français ont répondu "oui" à la question *"Approuvez-vous le projet de loi constitutionnelle fixant la durée du mandat du président de la République à cinq ans ? "*

Depuis ce référendum, le président de la République est élu au suffrage universel direct tous les 5 ans.

ARTICLE 4

Les partis et groupements politiques concourent à l'expression du suffrage. Ils se forment et exercent leur activité librement. Ils doivent respecter les principes de la souveraineté nationale et de la démocratie.

Ils contribuent à la mise en œuvre du principe énoncé au second alinéa de l'article 1er dans les conditions déterminées par la loi.

La loi garantit les expressions pluralistes des opinions et la participation équitable des partis et groupements politiques à la vie démocratique de la Nation.

Les clés pour comprendre

Partis et groupements politiques : Organisations qui représentent des idéologies ou des intérêts politiques spécifiques.

Expressions pluralistes (pluralisme) : Diversité d'opinions ou de croyances.

Vie démocratique de la Nation : Participation active des citoyens aux affaires publiques.

Résumé

Les partis et groupements politiques participent à la vie démocratique française. Ils sont libres de se constituer et d'agir. Ils doivent cependant respecter les principes démocratiques et de souveraineté nationale.

16

La loi assure que chaque parti ou groupement politique puisse exprimer ses opinions et participe équitablement à la vie politique de la nation.

Décryptage

L'article 4 reconnaît l'importance du pluralisme politique dans le système démocratique et électoral français.

Il accorde une liberté d'action aux partis politiques mais leur fixe également des limites : le respect des principes fondamentaux de la République.

Exemple

En avril 2016, Emmanuel Macron crée le mouvement politique La République en Marche. Ce mouvement politique lui permet, après son élection présidentielle, de présenter des candidats aux élections législatives de 2017 et de se constituer une majorité à l'Assemblée Nationale.

TITRE II :

LE PRÉSIDENT DE LA RÉPUBLIQUE (ARTICLES 5 À 19)

ARTICLE 5

Le Président de la République veille au respect de la Constitution. Il assure, par son arbitrage, le fonctionnement régulier des pouvoirs publics ainsi que la continuité de l'Etat.

Il est le garant de l'indépendance nationale, de l'intégrité du territoire et du respect des traités.

Les clés pour comprendre

Pouvoirs publics : Les différentes institutions et organes de l'État et des collectivités locales.

Continuité de l'État : Assurer que les fonctions et les services de l'État fonctionnent sans interruption.

Indépendance nationale : Autonomie d'un pays par rapport aux autres nations.

Intégrité du territoire : Droit d'un état à préserver ses frontières.

Résumé

Le Président de la République doit veiller au respect de la Constitution et des traités internationaux ratifiés par la France.

Il garantit le bon fonctionnement et la continuité des institutions étatiques.

Il est également en charge de préserver l'indépendance du pays

Décryptage

L'article 5 définit le rôle et les missions du Président de la République.

Il est le gardien de la Constitution.

C'est un acteur clé pour assurer la stabilité et la sécurité du pays : il est le garant des institutions.

Il est garant de la souveraineté de l'État.

Exemple

En 2015, suite aux attaques terroristes à Paris, le Président Hollande a pris plusieurs mesures visant à assurer l'intégrité et la sécurité de la France :

- Déclaration de l'état d'urgence
- Renforcement des pouvoirs des forces de l'ordre

ARTICLE 6

Le Président de la République est élu pour cinq ans au suffrage universel direct.

Nul ne peut exercer plus de deux mandats consécutifs.

Les modalités d'application du présent article sont fixées par une loi organique.

Les clés pour comprendre

Loi organique : Type de loi qui définit le fonctionnement des institutions.

Résumé

Le Président de la République est élu pour une durée de cinq ans par tous les citoyens français via un vote direct. Un président ne peut être élu que pour deux mandats successifs. Les détails spécifiques de cette règle sont définis par une loi organique.

Décryptage

L'article 6 fixe la durée du mandat du Président de la République et son mode d'élection.

Le nombre de mandats consécutifs est limité à deux afin d'éviter une concentration prolongée du pouvoir entre les mains d'une seule personne.

Exemple

François Hollande, élu président en 2012, a choisi de ne pas se présenter pour un second mandat en 2017, bien qu'il ait pu le faire.

Emmanuel Macron, élu président en 2017 puis réélu en 2022 ne pourra pas se représenter à l'élection présidentielle de 2027.

ARTICLE 7

Le Président de la République est élu à la majorité absolue des suffrages exprimés. Si celle-ci n'est pas obtenue au premier tour de scrutin, il est procédé, le quatorzième jour suivant, à un second tour. Seuls peuvent s'y présenter les deux candidats qui, le cas échéant après retrait de candidats plus favorisés, se trouvent avoir recueilli le plus grand nombre de suffrages au premier tour.

Le scrutin est ouvert sur convocation du Gouvernement.

L'élection du nouveau Président a lieu vingt jours au moins et trente-cinq jours au plus avant l'expiration des pouvoirs du Président en exercice.

En cas de vacance de la Présidence de la République pour quelque cause que ce soit, ou d'empêchement constaté par le Conseil constitutionnel saisi par le Gouvernement et statuant à la majorité absolue de ses membres, les fonctions du Président de la République, à l'exception de celles prévues aux articles 11 et 12 ci-dessous, sont provisoirement exercées par le Président du Sénat et, si celui-ci est à son tour empêché d'exercer ces fonctions, par le Gouvernement.

En cas de vacance ou lorsque l'empêchement est déclaré définitif par le Conseil constitutionnel, le scrutin pour l'élection du nouveau Président a lieu, sauf cas de force majeure constaté par le Conseil constitutionnel, vingt jours au moins et trente-cinq jours au plus, après l'ouverture de la vacance ou la déclaration du caractère définitif de l'empêchement.

Si, dans les sept jours précédant la date limite du dépôt des présentations de candidatures, une des personnes ayant, moins de trente jours avant cette date, annoncé publiquement sa décision d'être candidate décède ou se trouve empêchée, le Conseil constitutionnel peut décider de reporter l'élection.

Si, avant le premier tour, un des candidats décède ou se trouve empêché, le Conseil constitutionnel prononce le report de l'élection.

En cas de décès ou d'empêchement de l'un des deux candidats les plus favorisés au premier tour avant les retraits éventuels, le Conseil constitutionnel déclare qu'il doit être procédé de nouveau à l'ensemble des opérations électorales ; il en est de même en cas de décès ou d'empêchement de l'un des deux candidats restés en présence en vue du second tour.

Dans tous les cas, le Conseil constitutionnel est saisi dans les conditions fixées au deuxième alinéa de l'article 61 ci-dessous ou dans celles déterminées pour la présentation d'un candidat par la loi organique prévue à l'article 6 ci-dessus.

Le Conseil constitutionnel peut proroger les délais prévus aux troisième et cinquième alinéas sans que le scrutin puisse avoir lieu plus de trente-cinq jours après la date de la décision du Conseil constitutionnel. Si l'application des dispositions du présent alinéa a eu pour effet de reporter l'élection à une date postérieure à l'expiration des pouvoirs du Président en exercice, celui-ci demeure en fonctions jusqu'à la proclamation de son successeur.

Il ne peut être fait application ni des articles 49 et 50 ni de l'article 89 de la Constitution durant la vacance de la Présidence de la République ou durant la période qui s'écoule entre la déclaration du caractère définitif de l'empêchement du Président de la République et l'élection de son successeur.

Les clés pour comprendre

Majorité absolue : Plus de la moitié des votes.

Suffrages exprimés : Total des votes valides.

Vacance : Absence de titulaire à un poste.

Résumé

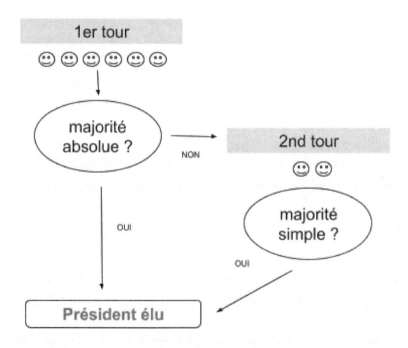

L'article 7 détaille le processus d'élection du Président de la République. Il est élu au suffrage universel direct. Si aucun candidat n'obtient la majorité absolue au premier tour, un second tour est organisé.

L'article 7 organise l'intérim de la fonction présidentielle en cas d'empêchement du Président de la République. En cas d'empêchement du Président de la République, c'est le Président du Sénat qui exercera les fonctions présidentielles. Si le Président du Sénat est lui-même dans l'impossibilité d'exercer sa fonction, c'est alors le gouvernement qui assurera les fonctions présidentielles.

Décryptage

La légitimité démocratique du Président de la République est assurée par le mode de scrutin de son élection : il est élu par une majorité absolue d'électeurs. Il est élu au suffrage universel direct.

L'article 7 prévoit également des mécanismes destinés à faire face à des situations exceptionnelles durant lesquelles le poste de Président de la République serait vacant. Il assure ainsi la stabilité et la continuité de l'État. C'est la raison pour laquelle il n'est pas possible, en cas de vacance du poste de Président de la République :

- D'engager la responsabilité du gouvernement devant l'Assemblée Nationale ;
- Remettre la démission du gouvernement au Président de la République ;
- Réviser la Constitution ;

Exemple

La France a connu plusieurs cas de vacance présidentielle :

- En 1969, le Président Charles de Gaulle démissionne suite à l'échec du référendum sur le projet de loi relatif à la création de régions et à la rénovation du Sénat. Le Président du Sénat, Alain Poher, a assuré son intérim jusqu'à l'élection de Georges Pompidou ;
- En 1974, le Président Georges Pompidou décède d'un cancer. Le Président du Sénat, Alain Poher, assure à nouveau l'intérim de la présidence de la République ;

ARTICLE 8

Le Président de la République nomme le Premier ministre. Il met fin à ses fonctions sur la présentation par celui-ci de la démission du Gouvernement.

Sur la proposition du Premier ministre, il nomme les autres membres du Gouvernement et met fin à leurs fonctions.

Les clés pour comprendre

Premier ministre : Chef du Gouvernement français.

Gouvernement : Ensemble des ministres et secrétaires d'État.

Cohabitation : Situation politique durant laquelle le Président de la République et le Premier Ministre appartiennent à des partis politiques opposés.

Résumé

Le Président de la République a le pouvoir de nommer le Premier ministre et de mettre fin à ses fonctions.

Le gouvernement est nommé par le Président de la République, sur proposition du Premier ministre.

Décryptage

L'article 8 établit le rôle central du Président dans la formation et la révocation du Gouvernement.

Le Président de la République nomme le Premier Ministre. Celui-ci est choisi parmi les membres du parti majoritaire à l'Assemblée Nationale.

Le Président de la République nomme les membres du gouvernement sur proposition du premier ministre. La constitution des différents ministères est assez libre. En effet, le garde des Sceaux est le seul ministre mentionné dans la Constitution.

Exemple

Après les élections législatives de 1986, la France, dirigée par un président socialiste, François Mitterrand, vient de nommer une majorité de droite à l'Assemblée Nationale. Le Président Mitterrand a ainsi nommé Jacques Chirac, chef de la majorité et président du RPR (Rassemblement pour la République) au poste de premier ministre. C'est la première cohabitation de la Ve République.

ARTICLE 9

Le Président de la République préside le conseil des ministres.

Les clés pour comprendre

Conseil des ministres : Réunion hebdomadaire du Gouvernement. Cette réunion est présidée par le Président de la République.

Résumé

Le Président de la République est chargé de diriger le conseil des ministres.

Décryptage

L'article 9 renforce le rôle de leadership du Président au sein de l'exécutif. En présidant le conseil des ministres, le Président assure une direction et une cohérence dans la politique gouvernementale.

Exemple

Lors des crises majeures, comme celle de la COVID-19 en 2020, le Président Emmanuel Macron a présidé de nombreux conseils des ministres pour définir la stratégie nationale de réponse à la pandémie.

ARTICLE 10

Le Président de la République promulgue les lois dans les quinze jours qui suivent la transmission au Gouvernement de la loi définitivement adoptée.

Il peut, avant l'expiration de ce délai, demander au Parlement une nouvelle délibération de la loi ou de certains de ses articles. Cette nouvelle délibération ne peut être refusée.

Les clés pour comprendre

Promulgation : Acte officiel par lequel le Président de la République atteste de l'adoption d'une loi et ordonne son exécution.

Loi définitivement adoptée : Loi qui a été approuvée par les deux chambres du Parlement, conformément au processus d'élaboration des lois.

Nouvelle délibération : Nouveau débat et vote sur une loi ou certains de ses articles au Parlement.

Résumé

Le Président de la République dispose de quinze jours pour promulguer une loi après sa transmission définitive au Gouvernement. Avant la fin de ce délai, il peut demander au Parlement de rediscuter de la loi ou de certains de ses articles. Le Parlement ne peut refuser cette nouvelle délibération.

Décryptage

L'article 10 établit un équilibre entre le pouvoir exécutif et le pouvoir législatif. Bien que le Président ait le pouvoir de demander une nouvelle délibération, il ne peut pas refuser de promulguer une loi. Cela garantit que le processus législatif ne soit pas indûment retardé ou entravé par le Président.

ARTICLE 11

Le Président de la République, sur proposition du Gouvernement pendant la durée des sessions ou sur proposition conjointe des deux assemblées, publiées au Journal officiel, peut soumettre au référendum tout projet de loi portant sur l'organisation des pouvoirs publics, sur des réformes relatives à la politique économique, sociale ou environnementale de la nation et aux services publics qui y concourent, ou tendant à autoriser la ratification d'un traité qui, sans être contraire à la Constitution, aurait des incidences sur le fonctionnement des institutions.

Lorsque le référendum est organisé sur proposition du Gouvernement, celui-ci fait, devant chaque assemblée, une déclaration qui est suivie d'un débat.

Un référendum portant sur un objet mentionné au premier alinéa peut être organisé à l'initiative d'un cinquième des membres du Parlement, soutenue par un dixième des électeurs inscrits sur les listes électorales. Cette initiative prend la forme d'une proposition de loi et ne peut avoir pour objet l'abrogation d'une disposition législative promulguée depuis moins d'un an.

Les conditions de sa présentation et celles dans lesquelles le Conseil constitutionnel contrôle le respect des dispositions de l'alinéa précédent sont déterminées par une loi organique.

Si la proposition de loi n'a pas été examinée par les deux assemblées dans un délai fixé par la loi organique, le Président de la République la soumet au référendum.

Lorsque la proposition de loi n'est pas adoptée par le peuple français, aucune nouvelle proposition de référendum portant sur le même sujet ne peut être présentée avant l'expiration d'un délai de deux ans suivant la date du scrutin.

Lorsque le référendum a conclu à l'adoption du projet ou de la proposition de loi, le Président de la République promulgue la loi dans les quinze jours qui suivent la proclamation des résultats de la consultation.

NOTA :

Loi constitutionnelle n° 2008-724 du 23 juillet 2008 article 46 I : Les articles 11, 13, le dernier alinéa de l'article 25, les articles 34-1, 39, 44, 56, 61-1, 65, 69, 71-1 et 73 de la Constitution, dans leur rédaction résultant de la présente loi constitutionnelle, entrent en vigueur dans les conditions fixées par les lois et lois organiques nécessaires à leur application.la loi organique n°2013-1114 du 6 décembre 2013 portant application de l'article 11 de la Constitution et prévue à l'article 46-I de la loi constitutionnelle n° 2008-724 du 23 juillet 2008, entrera en vigueur le 1er janvier 2015 en vertu de son article 10 disposant que : " La présente loi organique entre en vigueur le premier jour du treizième mois suivant celui de sa promulgation."

Les clés pour comprendre

Référendum : Procédure permettant de consulter directement les électeurs sur une question, un traité ou un projet de loi.

Proposition de loi : Texte législatif proposé par un membre du Parlement.

Résumé

L'initiative du référendum

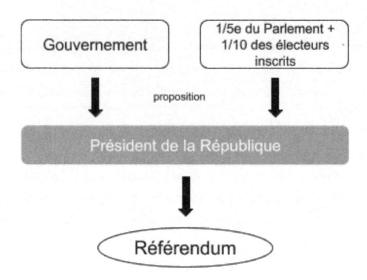

Le Président de la République peut soumettre au référendum des projets de lois divers dont la ratification des traités. Pour cela, il doit recevoir une proposition du gouvernement.

Les membres du Parlement peuvent également être à l'origine d'un référendum. Pour cela :

- Ils doivent être suffisamment nombreux : 1/5e des membres du Parlement
- Ils doivent être soutenus par 1/10e des électeurs inscrits sur les listes électorales.

Leur proposition doit prendre la forme d'une proposition de loi référendaire qui doit être contrôlée par le conseil constitutionnel.

Si cette proposition n'est pas examinée dans les temps, le Président doit la soumettre au référendum.

Une proposition de référendum ne peut pas porter sur l'annulation d'une loi promulguée il y a moins d'un an.

Si une proposition soumise à référendum n'est pas adoptée, une nouvelle proposition similaire ne peut être faite avant deux ans.

Décryptage

L'article 11 renforce la démocratie directe en permettant aux citoyens de s'exprimer directement sur des questions importantes. Il établit un équilibre entre l'initiative populaire et le rôle des institutions, garantissant que les propositions respectent la Constitution et les délais. Il garantit également la continuité et la cohérence des institutions en empêchant qu'un texte récemment adopté ne soit pas abrogé par voie de référendum.

Exemple

En 2005, le Président Jacques Chirac a soumis au référendum le traité établissant une Constitution pour l'Europe. Bien que soutenu par les principaux partis, le traité a été rejeté par 54,67% des votants, démontrant l'importance du référendum comme outil de consultation directe des citoyens.

ARTICLE 12

Le Président de la République peut, après consultation du Premier ministre et des Présidents des Assemblées, prononcer la dissolution de l'Assemblée nationale.

Les élections générales ont lieu vingt jours au moins et quarante jours au plus après la dissolution.

L'Assemblée nationale se réunit de plein droit le deuxième jeudi qui suit son élection. Si cette réunion a lieu en dehors de la période prévue pour la session ordinaire, une session est ouverte de droit pour une durée de quinze jours.

Il ne peut être procédé à une nouvelle dissolution dans l'année qui suit ces élections.

Les clés pour comprendre

Dissolution : Action de mettre fin prématurément au mandat de l'Assemblée nationale.

Élections générales : Élections pour renouveler l'ensemble des députés de l'Assemblée nationale.

Résumé

Le Président de la République a le pouvoir de dissoudre l'Assemblée nationale. Pour cela, il doit d'abord consulter le Premier Ministre et les présidents de l'Assemblée Nationale et du Sénat.

De nouvelles élections doivent alors être organisées entre 20 et 40 jours après la dissolution.

L'Assemblée Nationale se réunira 2 semaines après son élection. Une nouvelle dissolution ne peut pas avoir lieu dans l'année suivant les nouvelles élections parlementaires.

Décryptage

Cet article confère au Président de la République un levier puissant en cas de crise politique puisqu'il lui permet de renouveler l'Assemblée nationale. La Constitution prévoit toutefois des garde-fous qui visent à éviter un usage abusif de ce pouvoir. Ainsi, l'Assemblée nationale ne peut être dissoute :

- Si le président du Sénat assure l'intérim du Président de la république
- Si l'Assemblée Nationale a déjà été dissoute dans l'année
- Pendant l'exercice des pouvoirs exceptionnels de l'article 16

Exemple

En 1997, le président Jacques Chirac a décidé de dissoudre l'Assemblée Nationale. Il espérait renforcer la majorité de son parti lors de nouvelles élections. À sa grande surprise, le parti socialiste a remporté la majorité lors des élections. Une période de cohabitation s'est alors instaurée.

ARTICLE 13

Le Président de la République signe les ordonnances et les décrets délibérés en Conseil des ministres.

Il nomme aux emplois civils et militaires de l'Etat.

Les conseillers d'Etat, le grand chancelier de la Légion d'honneur, les ambassadeurs et envoyés extraordinaires, les conseillers maîtres à la Cour des comptes, les préfets, les représentants de l'Etat dans les collectivités d'outre-mer régies par l'article 74 et en Nouvelle-Calédonie, les officiers généraux, les recteurs des académies, les directeurs des administrations centrales, sont nommés en Conseil des ministres.

Une loi organique détermine les autres emplois auxquels il est pourvu en conseil des ministres ainsi que les conditions dans lesquelles le pouvoir de nomination du Président de la République peut être par lui délégué pour être exercé en son nom.

Une loi organique détermine les emplois ou fonctions, autres que ceux mentionnés au troisième alinéa, pour lesquels, en raison de leur importance pour la garantie des droits et libertés ou la vie économique et sociale de la Nation, le pouvoir de nomination du Président de la République s'exerce après avis public de la commission permanente compétente de chaque assemblée. Le Président de la République ne peut procéder à une nomination lorsque l'addition des votes négatifs dans chaque commission représente au moins trois cinquièmes des suffrages exprimés au sein des deux commissions. La loi détermine les commissions permanentes compétentes selon les emplois ou fonctions concernés.

Les clés pour comprendre

Ordonnance : Acte pris par le gouvernement dans des domaines relevant normalement de la loi.

Décret : Décision prise par le Président ou le Premier ministre, ayant une portée générale ou individuelle.

Résumé

Le Président signe les ordonnances et décrets après délibération en Conseil des ministres. Il a le pouvoir de nommer à divers postes clés de l'État, dont certains en Conseil des ministres. Des lois organiques précisent les modalités de certaines nominations, notamment celles nécessitant l'avis des commissions parlementaires.

Décryptage

Cet article souligne l'importance du rôle du Président dans la gouvernance administrative et le fonctionnement de l'État. Toutefois, il est encadré par des lois organiques pour garantir une certaine transparence et éviter les abus.

ARTICLE 14

Le Président de la République accrédite les ambassadeurs et les envoyés extraordinaires auprès des puissances étrangères ; les ambassadeurs et les envoyés extraordinaires étrangers sont accrédités auprès de lui.

Les clés pour comprendre

Accréditer : Reconnaître officiellement un représentant diplomatique.

Ambassadeurs : Représentants officiels d'un pays auprès d'un autre pays ou d'une organisation internationale.

Envoyés extraordinaires : Diplomates envoyés pour une mission spécifique, souvent de courte durée ou pour des occasions particulières.

Résumé

Le Président de la République a la responsabilité de reconnaître officiellement les ambassadeurs et envoyés extraordinaires venant d'autres pays.

De la même manière, c'est auprès de lui que les ambassadeurs et envoyés extraordinaires étrangers sont envoyés et reconnus officiellement.

Décryptage

Cet article met en évidence le rôle central du Président dans les relations diplomatiques de la France. En tant que chef de l'État, il est le point de contact principal pour les représentants diplomatiques étrangers.

Exemple

Lors de tensions diplomatiques, l'accréditation ou le rappel d'ambassadeurs peut être un outil politique.

Ainsi, en 2016, la France a signé un contrat de 56 milliards d'euros pour la fourniture de 12 sous-marins à l'Australie. En 2021, alors que la commande était presque prête, l'Australie a rompu unilatéralement le contrat pour aller s'approvisionner aux USA. Afin de marquer son désaccord, le président Macron a décidé de rappeler les ambassadeurs français basés aux USA et en Australie.

ARTICLE 15

Le Président de la République est le chef des armées. Il préside les conseils et comités supérieurs de la Défense nationale.

Les clés pour comprendre :

Chef des armées : La plus haute autorité militaire d'un pays.

Conseils et comités supérieurs de la Défense nationale : Organes consultatifs et décisionnels liés à la défense et à la sécurité du pays.

Résumé

Le Président de la République détient la plus haute autorité sur les forces armées françaises. Il préside également les principales instances décisionnelles et consultatives liées à la défense nationale.

Décryptage

Cet article souligne le rôle prééminent du Président dans la défense et la sécurité de la France. En tant que chef des armées, il a la responsabilité ultime de la sécurité du pays et de la direction stratégique des forces armées.

Exemple

En 2013, le président Hollande a décidé d'intervenir militairement au Mali pour aider le gouvernement malien à repousser les groupes jihadistes qui menaçaient le nord du pays.

ARTICLE 16

Lorsque les institutions de la République, l'indépendance de la Nation, l'intégrité de son territoire ou l'exécution de ses engagements internationaux sont menacés (1) d'une manière grave et immédiate et que le fonctionnement régulier des pouvoirs publics constitutionnels est interrompu, le Président de la République prend les mesures exigées par ces circonstances, après consultation officielle du Premier ministre, des Présidents des Assemblées ainsi que du Conseil constitutionnel.

Il en informe la Nation par un message.

Ces mesures doivent être inspirées par la volonté d'assurer aux pouvoirs publics constitutionnels, dans les moindres délais, les moyens d'accomplir leur mission. Le Conseil constitutionnel est consulté à leur sujet.

Le Parlement se réunit de plein droit.

L'Assemblée nationale ne peut être dissoute pendant l'exercice des pouvoirs exceptionnels.

Après trente jours d'exercice des pouvoirs exceptionnels, le Conseil constitutionnel peut être saisi par le Président de l'Assemblée nationale, le Président du Sénat, soixante députés ou soixante sénateurs, aux fins d'examiner si les conditions énoncées au premier alinéa demeurent réunies. Il se prononce dans les délais les plus brefs par un avis public. Il procède de plein droit à cet examen et se prononce dans les mêmes conditions au terme de soixante jours d'exercice des pouvoirs exceptionnels et à tout moment au-delà de cette durée.

NOTA :

(1) : Cet article fut originellement publié avec une faute d'orthographe. Le terme " menacés " devrait en effet s'écrire " menacées ".

Les clés pour comprendre

Institutions de la République : Les structures et organes fondamentaux qui composent l'État français.

Pouvoirs publics constitutionnels : Les principales autorités de l'État définies par la Constitution.

Pouvoirs exceptionnels : Prérogatives spéciales accordées au Président en cas de crise grave.

Résumé

En cas de menaces graves et immédiates contre la République, son indépendance, son territoire ou ses engagements internationaux, et si le fonctionnement normal des pouvoirs est interrompu, le Président peut prendre des mesures exceptionnelles.

Pour cela :

- Il doit d'abord consulter ►le Premier ministre, ► le président de l'Assemblée Nationale ► le président du Sénat ► le président du Conseil constitutionnel ;
- En informer la nation ;

Ces mesures visent à restaurer le fonctionnement normal des institutions. C'est la raison pour laquelle, pendant cette période, l'Assemblée nationale ne peut être dissoute.

Après 30 jours, le Conseil constitutionnel peut être saisi pour vérifier la pertinence du maintien des pouvoirs exceptionnels au Président de la République.

Décryptage

L'article 16 confère au Président des pouvoirs exceptionnel en cas de crise majeure, reflétant la nécessité d'une réponse rapide et décisive. La durée d'exercice de ces pouvoirs n'est pas limitée dans le temps.

La consultation obligatoire du Conseil Constitutionnel, du premier ministre et des présidents des deux assemblées fait office de garde-fou. Il fait néanmoins noter que l'avis de ces organes est purement consultatif. Il en est de même pour l'avis rendu par le Conseil Constitutionnel lorsqu'il est saisi au bout de 30 jours.

La Constitution prévoit néanmoins d'autres garde-fous plus solides:

- l'impossibilité pour le président de la république de réformer la Constitution;
- l'impossibilité pour le président de la république de dissoudre l'Assemblée Nationale;

Exemple

L'article 16 n'a été utilisé qu'une seule fois dans l'histoire de la Ve République. En 1961, pendant la guerre d'Algérie, le président De

Gaulle a utilisé les prérogatives de cet article suite à une tentative de coup d'État par quatre généraux de l'armée. Pendant plusieurs mois, il a mis en place des mesures exceptionnelles telles que la création de juridictions d'exception ou l'allongement de la durée de la garde à vue.

ARTICLE 17

Le Président de la République a le droit de faire grâce à titre individuel.

Les clés pour comprendre

Grâce présidentielle : Acte par lequel le Président de la République efface ou réduit une peine prononcée par la justice.

Résumé

Le Président de la République a le pouvoir de réduire ou d'annuler les peines d'une personne, sans toutefois remettre en cause sa culpabilité.

Décryptage

L'article 17 confère au Président un pouvoir discrétionnaire de clémence, permettant d'intervenir dans le processus judiciaire pour des raisons humanitaires ou d'intérêt public.

Ce pouvoir est sujet à controverse. Il est perçu par certains comme une ingérence dans le pouvoir judiciaire.

Depuis la réforme constitutionnelle du 23 juillet 2008, le droit de grâce ne peut s'exercer qu'à titre individuel. En d'autres termes, le Président de la République ne peut pas gracier un groupe d'individu.

Exemple

En 1998, le président Chirac décide de gracier Omar Raddad, condamné à 18 ans de prison pour le meurtre de son employeur.

En 2016, le président Hollande accorde la grâce présidentielle à Jacqueline Sauvage, condamnée à 10 ans de prison pour le meurtre de son mari.

ARTICLE 18

Le Président de la République communique avec les deux Assemblées du Parlement par des messages qu'il fait lire et qui ne donnent lieu à aucun débat.

Il peut prendre la parole devant le Parlement réuni à cet effet en Congrès. Sa déclaration peut donner lieu, hors sa présence, à un débat qui ne fait l'objet d'aucun vote.

Hors session, les assemblées parlementaires sont réunies spécialement à cet effet.

Les clés pour comprendre

Congrès : Réunion exceptionnelle de l'Assemblée nationale et du Sénat en une seule assemblée.

Résumé

Le Président peut communiquer avec le Parlement :

- Indirectement en lui envoyant des messages écrits qui ne sont pas débattus par les députés et sénateurs.
- Directement lorsque celui-ci est réuni en Congrès

Ses déclarations ne peuvent pas être votées. Un débat peut suivre les déclarations du Président de la République lorsque celui-ci a quitté le Congrès.

Décryptage

Depuis la réforme constitutionnelle du 23 juillet 2008, l'article 18 donne au Président un moyen de communication directe avec le Parlement, renforçant ainsi son rôle dans le processus législatif. Cependant, son influence est limitée puisque tout vote relatif à ses messages est interdit.

Exemple

En 2009, le président Sarkozy utilise pour la première fois la possibilité de s'adresser au Congrès et prononce son discours de politique générale.

En 2015, suite aux attentats de Paris, le président Hollande s'adresse au Congrès pour annoncer une série de mesures destinées à faire face à la situation.

ARTICLE 19

Les actes du Président de la République autres que ceux prévus aux articles 8 (1er alinéa), 11, 12, 16, 18, 54, 56 et 61 sont contresignés par le Premier ministre et, le cas échéant, par les ministres responsables.

Les clés pour comprendre

Contresigner : Signature additionnelle d'une autre autorité pour valider ou approuver un acte.

Résumé

Tous les actes officiels pris par le Président, à l'exception de ceux spécifiquement mentionnés dans les articles susmentionnés, doivent être validés par la signature du Premier ministre. Si nécessaire, d'autres ministres concernés par l'acte peuvent également le contresigner.

Décryptage

L'article 19 assure un équilibre des pouvoirs entre le Président et le gouvernement. La contre-signature du Premier ministre et des ministres concernés garantit que les décisions du Président sont en accord avec la position du gouvernement.

TITRE III :

LE GOUVERNEMENT

(Articles 20 à 23)

ARTICLE 20

Le Gouvernement détermine et conduit la politique de la Nation.

Il dispose de l'administration et de la force armée.

Il est responsable devant le Parlement dans les conditions et suivant les procédures prévues aux articles 49 et 50.

Les clés pour comprendre

Gouvernement : Ensemble des ministres et secrétaires d'État en charge de la gestion des affaires publiques.

Résumé

Le Gouvernement est en charge de définir et mettre en œuvre la politique du pays. Il gère l'administration, l'armée et est tenu de rendre compte de ses actions devant le Parlement.

Décryptage

L'article 20 définit le rôle et les responsabilités du Gouvernement. Il établit un équilibre des pouvoirs en rendant le Gouvernement responsable devant le Parlement.

La pratique de la Ve République a montré que, en dehors des périodes de cohabitation, c'est le Président de la République qui détermine les grandes orientations de la politique de la Nation.

ARTICLE 21

Le Premier ministre dirige l'action du Gouvernement. Il est responsable de la Défense nationale. Il assure l'exécution des lois. Sous réserve des dispositions de l'article 13, il exerce le pouvoir réglementaire et nomme aux emplois civils et militaires.

Il peut déléguer certains de ses pouvoirs aux ministres.

Il supplée, le cas échéant, le Président de la République dans la présidence des conseils et comités prévus à l'article 15.

Il peut, à titre exceptionnel, le suppléer pour la présidence d'un Conseil des ministres en vertu d'une délégation expresse et pour un ordre du jour déterminé.

Les clés pour comprendre

Premier ministre : Chef du Gouvernement.

Défense nationale : Protection du pays contre les menaces extérieures.

Pouvoir réglementaire : Capacité de créer des actes réglementaires destinés à mettre en œuvre les lois.

Résumé

Le Premier ministre dirige le Gouvernement. Il est en charge :

- De la défense du pays

-   De l'application des lois
-   Du pouvoir réglementaire
-   De nommer à des postes civils et militaires.

Il peut déléguer certaines de ses responsabilités aux ministres.

Il peut remplacer le Président de la République pour la présidence du conseil des ministres.

Décryptage

L'article 21 précise le rôle central du Premier ministre au sein du Gouvernement et énumère ses principales responsabilités.

Exemple

À plusieurs reprises, le Premier Ministre a assuré la présidence du Conseil des Ministres à la place du Président de la République. Dans la plupart des cas, des raisons médicales expliquaient ces événements.

En 2005, le président Chirac est victime d'un accident vasculaire cérébral. Dominique de Villepin, son premier ministre, assure alors le conseil des ministres de septembre.

En 1992 et en 1994, en raison d'interventions chirurgicales, les premiers ministres du président Mitterand font de même.

ARTICLE 22

Les actes du Premier ministre sont contresignés, le cas échéant, par les ministres chargés de leur exécution.

Les clés pour comprendre

Actes du Premier ministre : Décisions officielles prises par le Premier ministre.

Résumé

Les décisions prises par le Premier ministre doivent être validées par la signature des ministres concernés par ces décisions.

Décryptage

L'article 22 assure une collaboration et une cohérence au sein du Gouvernement en nécessitant la contre-signature des ministres concernés par les actes du Premier ministre.

ARTICLE 23

Les fonctions de membre du Gouvernement sont incompatibles avec l'exercice de tout mandat parlementaire, de toute fonction de représentation professionnelle à caractère national et de tout emploi public ou de toute activité professionnelle.

Une loi organique fixe les conditions dans lesquelles il est pourvu au remplacement des titulaires de tels mandats, fonctions ou emplois.

Le remplacement des membres du Parlement a lieu conformément aux dispositions de l'article 25.

Les clés pour comprendre

Membre du Gouvernement : Personne faisant partie du Gouvernement, incluant le Premier ministre, les ministres et secrétaires d'État.

Mandat parlementaire : Fonction d'élu au Parlement (Assemblée nationale ou Sénat).

Emploi public : Poste de travail au sein de l'administration.

Résumé

Les membres du Gouvernement ne peuvent pas cumuler leurs fonctions avec celles :

- De députés ou sénateurs
- De représentants professionnels,

- De fonctionnaires,

Ils ne peuvent pas non plus exercer une autre activité professionnelle.

Décryptage

L'article 23 vise à éviter les conflits d'intérêts et l'équilibre des pouvoirs en séparant les fonctions gouvernementales (pouvoir exécutif) des autres fonctions publiques (pouvoir législatif) ou professionnelles.

Exemple

Un député nommé au gouvernement doit quitter ses fonctions de parlementaire.

TITRE IV :

LE PARLEMENT

(Articles 24 à 33)

ARTICLE 24

Le Parlement vote la loi. Il contrôle l'action du Gouvernement. Il évalue les politiques publiques.

Il comprend l'Assemblée nationale et le Sénat.

Les députés à l'Assemblée nationale, dont le nombre ne peut excéder cinq cent soixante-dix-sept, sont élus au suffrage direct.

Le Sénat, dont le nombre de membres ne peut excéder trois cent quarante-huit, est élu au suffrage indirect. Il assure la représentation des collectivités territoriales de la République.

Les Français établis hors de France sont représentés à l'Assemblée nationale et au Sénat.

Les clés pour comprendre

Suffrage direct : Méthode de vote où les citoyens votent directement pour les candidats ou les propositions.

Suffrage indirect : Méthode de vote où les citoyens élisent des représentants qui, à leur tour, votent pour les candidats ou les propositions.

Collectivités territoriales: Structures administratives françaises, distinctes de l'administration de l'État, qui doivent prendre en charge les intérêts de la population d'un territoire précis.

Résumé

Le Parlement est composé de l'Assemblée nationale et du Sénat.

Il a le pouvoir :

- De voter les lois
- De contrôler le gouvernement et d'évaluer les politiques publiques.

Les députés sont élus directement par le peuple, tandis que les sénateurs sont élus indirectement et représentent les régions et les collectivités territoriales.

Les Français vivant à l'étranger sont également représentés dans ces deux chambres.

Décryptage

L'article 24 définit le rôle et la composition du Parlement français. Il établit clairement la séparation des pouvoirs en confiant au Parlement le pouvoir législatif. L'article souligne également l'importance de la représentation, non seulement des citoyens vivant en France, mais aussi de ceux vivant à l'étranger.

ARTICLE 25

Une loi organique fixe la durée des pouvoirs de chaque assemblée, le nombre de ses membres, leur indemnité, les conditions d'éligibilité, le régime des inéligibilités et des incompatibilités.

Elle fixe également les conditions dans lesquelles sont élues les personnes appelées à assurer, en cas de vacance du siège, le remplacement des députés ou des sénateurs jusqu'au renouvellement général ou partiel de l'assemblée à laquelle ils appartenaient ou leur remplacement temporaire en cas d'acceptation par eux de fonctions gouvernementales.

Une commission indépendante, dont la loi fixe la composition et les règles d'organisation et de fonctionnement, se prononce par un avis public sur les projets de texte et propositions de loi délimitant les circonscriptions pour l'élection des députés ou modifiant la répartition des sièges de députés ou de sénateurs.

NOTA :
Les dispositions de l'article 25 de la Constitution relatives au caractère temporaire du remplacement des députés et sénateurs acceptant des fonctions gouvernementales, dans leur rédaction résultant de la présente loi constitutionnelle, s'appliquent aux députés et sénateurs ayant accepté de telles fonctions antérieurement à la date d'entrée en vigueur de la loi organique prévue à cet article si, à cette même date, ils exercent encore ces fonctions et que le mandat parlementaire pour lequel ils avaient été élus n'est pas encore expiré.

Les clés pour comprendre

Loi organique : Type de loi qui précise les modalités d'application de la Constitution.

Indemnité : Rémunération versée aux membres d'une assemblée.

Résumé

Une loi spéciale détermine la durée de fonction des assemblées, le nombre de leurs membres, leur salaire, et les conditions pour être élu. Elle précise également comment remplacer un député ou sénateur en cas de vacance ou d'acceptation d'un poste gouvernemental.

Décryptage

L'article 25 établit les bases pour la structuration et le fonctionnement des assemblées parlementaires. Il garantit le bon fonctionnement du Parlement et de son renouvellement.

Exemple

Si un député est nommé ministre, il doit quitter son siège à l'Assemblée.

ARTICLE 26

Aucun membre du Parlement ne peut être poursuivi, recherché, arrêté, détenu ou jugé à l'occasion des opinions ou votes émis par lui dans l'exercice de ses fonctions.

Aucun membre du Parlement ne peut faire l'objet, en matière criminelle ou correctionnelle, d'une arrestation ou de toute autre mesure privative ou restrictive de liberté qu'avec l'autorisation du Bureau de l'assemblée dont il fait partie. Cette autorisation n'est pas requise en cas de crime ou délit flagrant ou de condamnation définitive.

La détention, les mesures privatives ou restrictives de liberté ou la poursuite d'un membre du Parlement sont suspendues pour la durée de la session si l'assemblée dont il fait partie le requiert.

L'assemblée intéressée est réunie de plein droit pour des séances supplémentaires pour permettre, le cas échéant, l'application de l'alinéa ci-dessus.

Les clés pour comprendre

Immunité parlementaire: dispositif destiné à protéger les parlementaires de poursuites judiciaires pendant la durée de leur mandat.

Résumé

Les membres du Parlement sont protégés pour leurs opinions et leurs votes. Ils ne peuvent pas être arrêtés ou jugés pour cela.

Si un membre du Parlement doit être arrêté pour une autre raison, l'assemblée doit donner son accord, sauf en cas de crime ou délit flagrant.

Décryptage

L'article 26 définit l'immunité parlementaire et les conditions de sa levée. Il protège la liberté d'expression des parlementaires et garantit leur indépendance face à d'éventuelles pressions judiciaires.

Les membres du Parlement sont irresponsables. Ils ne peuvent pas être poursuivis pour des actes liés à l'exercice de leur mandat.

Ils sont également inviolables. Ils ne peuvent pas faire l'objet de condamnation pendant l'exercice de leur mandat, sauf à ce que leur immunité soit levée.

Exemple

Un député ne peut pas être arrêté au motif qu'il a critiqué le gouvernement.

ARTICLE 27

Tout mandat impératif est nul.

Le droit de vote des membres du Parlement est personnel.

La loi organique peut autoriser exceptionnellement la délégation de vote. Dans ce cas, nul ne peut recevoir délégation de plus d'un mandat.

Les clés pour comprendre

Mandat impératif : Ordre donné à un élu de voter selon des directives précises, sans possibilité d'agir selon sa propre opinion. Le mandat impératif s'oppose au mandat représentatif.

Résumé

Les élus ne peuvent être forcés de voter d'une certaine manière. Ils votent personnellement, selon leurs convictions. Dans certains cas, ils peuvent déléguer leur vote à un autre élu.

Décryptage

L'article 27 garantit l'indépendance des votes des élus et interdit toute forme de contrainte sur leur choix.

Exemple

Un parti politique ne peut pas ordonner à ses députés de voter d'une certaine manière sous peine de sanctions.

ARTICLE 28

Le Parlement se réunit de plein droit en une session ordinaire qui commence le premier jour ouvrable d'octobre et prend fin le dernier jour ouvrable de juin.

Le nombre de jours de séance que chaque assemblée peut tenir au cours de la session ordinaire ne peut excéder cent vingt. Les semaines de séance sont fixées par chaque assemblée.

Le Premier ministre, après consultation du président de l'assemblée concernée, ou la majorité des membres de chaque assemblée peut décider la tenue de jours supplémentaires de séance.

Les jours et les horaires des séances sont déterminés par le règlement de chaque assemblée.

Les clés pour comprendre

Session ordinaire : Période régulière pendant laquelle le Parlement se réunit.

Jours de séance : Jours où le Parlement se réunit pour débattre et voter.

Résumé

Le Parlement se réunit d'octobre à fin juin pour débattre et voter les lois.

Il ne peut pas se réunir plus de 120 jours durant cette période. Les jours exacts de réunion sont décidés par chaque assemblée.

Des jours supplémentaires peuvent être ajoutés sur décision du Premier ministre ou de la majorité des membres de l'assemblée.

Décryptage

L'article 28 structure le calendrier de travail du Parlement. Il définit la durée de la session ordinaire et limite le nombre de jours de séance.

ARTICLE 29

Le Parlement est réuni en session extraordinaire à la demande du Premier ministre ou de la majorité des membres composant l'Assemblée nationale, sur un ordre du jour déterminé.

Lorsque la session extraordinaire est tenue à la demande des membres de l'Assemblée nationale, le décret de clôture intervient dès que le Parlement a épuisé l'ordre du jour pour lequel il a été convoqué et au plus tard douze jours à compter de sa réunion.

Le Premier ministre peut seul demander une nouvelle session avant l'expiration du mois qui suit le décret de clôture.

Les clés pour comprendre

Session extraordinaire : Période de réunion du Parlement en dehors de la session ordinaire.

Ordre du jour : Liste des sujets à discuter pendant une session.

Résumé

Le Parlement peut se réunir en session extraordinaire si le Premier ministre ou la majorité de l'Assemblée nationale le demande. Cette session a un ordre du jour précis. Si la session est demandée par les membres de l'Assemblée, elle se termine dès que tous les sujets sont discutés ou au plus tard douze jours après le début.

Décryptage

L'article 29 offre la flexibilité nécessaire pour que le Parlement puisse se réunir et discuter de sujets urgents en dehors de la session ordinaire.

Exemple

En 2020, le Parlement s'est réuni en session extraordinaire pour gérer la crise sanitaire liée à la pandémie de covid-19.

ARTICLE 30

Hors les cas dans lesquels le Parlement se réunit de plein droit, les sessions extraordinaires sont ouvertes et closes par décret du Président de la République.

Résumé

Les sessions extraordinaires, sauf exceptions, sont officiellement ouvertes et closes par une décision du Président de la République.

Décryptage

L'article 30 renforce le rôle du Président de la République dans la gestion du calendrier parlementaire. Il lui donne le pouvoir d'ouvrir et de fermer les sessions extraordinaires.

ARTICLE 31

Les membres du Gouvernement ont accès aux deux Assemblées. Ils sont entendus quand ils le demandent.

Ils peuvent se faire assister par des commissaires du Gouvernement.

Les clés pour comprendre

Commissaires du Gouvernement : Représentants du Gouvernement qui peuvent assister les membres du Gouvernement lors de leurs interventions devant les Assemblées.

Résumé

Les ministres et autres membres du Gouvernement peuvent aller dans les deux chambres du Parlement (Assemblée nationale et Sénat) pour s'exprimer. Ils peuvent aussi être accompagnés par des représentants spécifiques du Gouvernement.

Décryptage

L'article 31 garantit une communication directe entre le Gouvernement et le Parlement. Il permet au Gouvernement de présenter et de défendre ses actions et ses projets de loi directement devant les parlementaires. Cela assure une collaboration et une transparence entre les deux pouvoirs exécutif et législatif.

Exemple

Un ministre peut intervenir devant le Parlement pour défendre un projet de loi.

ARTICLE 32

Le Président de l'Assemblée nationale est élu pour la durée de la législature. Le Président du Sénat est élu après chaque renouvellement partiel.

Les clés pour comprendre

Renouvellement partiel du Sénat : Remplacement d'une partie des membres du Sénat. Il a lieu tous les trois ans.

Résumé

Le Président de l'Assemblée nationale est élu pour cinq ans, soit la durée complète d'une législature.

Le Président du Sénat, quant à lui, est élu tous les trois ans, après le renouvellement d'une partie des sénateurs.

Décryptage

L'article 32 établit la durée du mandat des présidents des deux chambres du Parlement. Il garantit stabilité à la tête de ces institutions tout en permettant un renouvellement régulier, notamment au Sénat.

Exemple

En 2017, après les élections législatives, François de Rugy est élu Président de l'Assemblée nationale pour la durée de la législature. Au Sénat, après le renouvellement partiel de 2017, Gérard Larcher est réélu Président.

ARTICLE 33

Les séances des deux Assemblées sont publiques. Le compte-rendu intégral des débats est publié au Journal officiel.

Chaque Assemblée peut siéger en comité secret à la demande du Premier ministre ou d'un dixième de ses membres.

Les clés pour comprendre

Séances : Réunions des membres de l'Assemblée nationale ou du Sénat pour débattre et voter.

Journal officiel : Publication officielle du gouvernement français où sont consignés les débats et les textes de loi.

Comité secret : Session à huis clos, sans public ni médias.

Résumé

Les réunions des deux chambres du Parlement sont par principe ouvertes au public. Tout ce qui est dit lors de ces réunions est ensuite publié.

Cependant, dans certaines situations, les Assemblées peuvent décider de se réunir en privé.

Décryptage

L'article 33 assure la transparence des débats parlementaires tout en permettant, dans des circonstances exceptionnelles, des discussions à huis clos pour des raisons de confidentialité ou de sécurité nationale.

Exemple

En 2015, après les attentats de Paris, l'Assemblée nationale décide de se réunir en comité secret pour discuter des mesures de sécurité à adopter, à la demande du Premier ministre.

TITRE V :

DES RAPPORTS ENTRE LE PARLEMENT ET LE GOUVERNEMENT

(Articles 34 à 51-2)

ARTICLE 34

La loi fixe les règles concernant :

-les droits civiques et les garanties fondamentales accordées aux citoyens pour l'exercice des libertés publiques ; la liberté, le pluralisme et l'indépendance des médias ; les sujétions imposées par la Défense nationale aux citoyens en leur personne et en leurs biens ;

-la nationalité, l'état et la capacité des personnes, les régimes matrimoniaux, les successions et libéralités ;

-la détermination des crimes et délits ainsi que les peines qui leur sont applicables ; la procédure pénale ; l'amnistie ; la création de nouveaux ordres de juridiction et le statut des magistrats ;

-l'assiette, le taux et les modalités de recouvrement des impositions de toutes natures ; le régime d'émission de la monnaie.

La loi fixe également les règles concernant :

-le régime électoral des assemblées parlementaires, des assemblées locales et des instances représentatives des Français établis hors de France ainsi que les conditions d'exercice des mandats électoraux et des fonctions électives des membres des assemblées délibérantes des collectivités territoriales ;

-la création de catégories d'établissements publics ;

-les garanties fondamentales accordées aux fonctionnaires civils et militaires de l'Etat ;

-les nationalisations d'entreprises et les transferts de propriété d'entreprises du secteur public au secteur privé.

La loi détermine les principes fondamentaux :

-de l'organisation générale de la Défense nationale ;

-de la libre administration des collectivités territoriales, de leurs compétences et de leurs ressources ;

-de l'enseignement ;

-de la préservation de l'environnement ;

-du régime de la propriété, des droits réels et des obligations civiles et commerciales ;

-du droit du travail, du droit syndical et de la sécurité sociale.

Les lois de finances déterminent les ressources et les charges de l'Etat dans les conditions et sous les réserves prévues par une loi organique.

Les lois de financement de la sécurité sociale déterminent les conditions générales de son équilibre financier et, compte tenu de leurs prévisions de recettes, fixent ses objectifs de dépenses, dans les conditions et sous les réserves prévues par une loi organique.

Des lois de programmation déterminent les objectifs de l'action de l'État.

Les orientations pluriannuelles des finances publiques sont définies par des lois de programmation. Elles s'inscrivent dans l'objectif d'équilibre des comptes des administrations publiques.

Les dispositions du présent article pourront être précisées et complétées par une loi organique.

Résumé

L'article 34 énumère les domaines réservés à la loi, c'est-à-dire les sujets sur lesquels seul le Parlement peut légiférer. Ces domaines couvrent un large éventail de sujets, allant des droits civiques et des libertés publiques à l'organisation de la défense nationale, en passant par le régime fiscal et les règles concernant la propriété.

Décryptage

L'article 34 est essentiel car il définit la séparation des pouvoirs entre le législatif et l'exécutif. Il énumère tous les domaines réservés à la loi. On dit que la loi a un domaine d'attribution.

Il garantit ainsi que certaines décisions fondamentales ne peuvent être prises que par les représentants élus du peuple, et non par le gouvernement seul. On dit que la loi a un domaine d'attribution.

Exemple

En 1981, le gouvernement français a décidé de nationaliser plusieurs grandes banques et industries. Cette décision a été prise en vertu de l'article 34, qui stipule que la nationalisation d'entreprises relève de la compétence de la loi. Par conséquent, le Parlement a dû adopter une loi pour officialiser ces nationalisations.

ARTICLE 34-1

Les assemblées peuvent voter des résolutions dans les conditions fixées par la loi organique.

Sont irrecevables et ne peuvent être inscrites à l'ordre du jour les propositions de résolution dont le Gouvernement estime que leur adoption ou leur rejet serait de nature à mettre en cause sa responsabilité ou qu'elles contiennent des injonctions à son égard.

Les clés pour comprendre

Résolutions : Décisions ou déclarations formelles adoptées par une assemblée.

Résumé

Les assemblées parlementaires ont le droit de voter des résolutions, mais il y a des limites. Si le Gouvernement pense qu'une proposition de résolution pourrait le mettre en difficulté ou si elle lui donne des ordres, cette proposition ne peut pas être mise à l'ordre du jour.

Décryptage

L'article 34-1 établit un équilibre entre le pouvoir du Parlement de proposer des résolutions et la nécessité de protéger l'autorité et la responsabilité du Gouvernement. Il garantit que le Parlement ne peut pas utiliser les résolutions pour forcer la main du Gouvernement ou le mettre dans une position délicate.

ARTICLE 35

La déclaration de guerre est autorisée par le Parlement.

Le Gouvernement informe le Parlement de sa décision de faire intervenir les forces armées à l'étranger, au plus tard trois jours après le début de l'intervention. Il précise les objectifs poursuivis. Cette information peut donner lieu à un débat qui n'est suivi d'aucun vote.

Lorsque la durée de l'intervention excède quatre mois, le Gouvernement soumet sa prolongation à l'autorisation du Parlement. Il peut demander à l'Assemblée nationale de décider en dernier ressort.

Si le Parlement n'est pas en session à l'expiration du délai de quatre mois, il se prononce à l'ouverture de la session suivante.

Les clés pour comprendre

Déclaration de guerre : Annonce officielle d'une intention de commencer des hostilités armées contre un autre pays.

Résumé

Seul le Parlement peut autoriser une déclaration de guerre. Si le Gouvernement décide d'envoyer l'armée à l'étranger, il doit en informer le Parlement dans les trois jours. Si cette intervention dure plus de quatre mois, le Gouvernement doit obtenir l'accord du Parlement pour la prolonger. Si le Parlement n'est pas en session, il prendra une décision dès qu'il se réunit.

Décryptage

L'article 35 établit un équilibre entre le pouvoir exécutif et le pouvoir législatif en matière de décisions militaires. Bien que le Gouvernement ait la capacité de prendre des décisions rapides en matière de défense, le Parlement a le dernier mot, en particulier pour les décisions de longue durée ou de grande envergure, comme une déclaration de guerre.

Exemple

En 2011, le Gouvernement français a décidé d'intervenir militairement en Libye. Conformément à l'article 35, il a informé le Parlement de cette décision. Comme l'intervention a duré plus de quatre mois, une autorisation parlementaire a été nécessaire pour sa prolongation.

ARTICLE 36

L'état de siège est décrété en Conseil des ministres. Sa prorogation au-delà de douze jours ne peut être autorisée que par le Parlement.

Les clés pour comprendre

État de siège : Mesure exceptionnelle qui renforce les pouvoirs des autorités civiles et militaires, généralement en réponse à une grave menace pour la sécurité nationale.

Prorogation : Extension de la durée d'une mesure ou d'une période.

Résumé

Cet article définit l'état de siège et ses modalités de mise en œuvre.

L'état de siège est une mesure d'urgence qui est décidée en Conseil des ministres. Si cette situation doit durer plus de douze jours, le Parlement doit donner son accord pour la prolonger.

Décryptage

L'article 36 établit une procédure pour la mise en place d'un état de siège.

Il garantit :

- La possibilité pour le gouvernement d'agir rapidement ;
- Le contrôle du Parlement sur la durée de la situation. Cette mesure exceptionnelle ne doit pas s'éterniser sans justification ;

Exemple

L'état de siège n'a jamais été prononcé durant la Ve République.

ARTICLE 37

Les matières autres que celles qui sont du domaine de la loi ont un caractère réglementaire.

Les textes de forme législative intervenus en ces matières peuvent être modifiés par décrets pris après avis du Conseil d'Etat. Ceux de ces textes qui interviendraient après l'entrée en vigueur de la présente Constitution ne pourront être modifiés par décret que si le Conseil constitutionnel a déclaré qu'ils ont un caractère réglementaire en vertu de l'alinéa précédent.

Les clés pour comprendre

Domaine de la loi : Ensemble des matières qui doivent être réglementées par la loi, c'est-à-dire par le Parlement.

Conseil d'État: La plus haute juridiction administrative en France.

Résumé

Tout ce qui n'est pas explicitement du ressort de la loi (article 34) est considéré comme réglementaire et peut être modifié par décret.

Si un texte législatif traite d'une matière réglementaire, il peut être modifié par un décret. Pour cela, le Conseil d'État doit être consulté ou le Conseil constitutionnel doit confirmer son caractère réglementaire.

Décryptage

L'article 37 distingue entre ce qui relève de la loi et ce qui est réglementaire.

Il offre également un mécanisme pour rectifier les textes législatifs qui empiètent sur le domaine réglementaire.

ARTICLE 37-1

La loi et le règlement peuvent comporter, pour un objet et une durée limités, des dispositions à caractère expérimental.

Résumé

La loi et le règlement peuvent introduire des mesures à titre d'essai pour une raison spécifique et pendant une période déterminée.

Décryptage

L'article 37-1 offre une flexibilité au législateur et à l'exécutif pour tester de nouvelles idées ou approches avant de les adopter de manière permanente. Cela permet d'innover tout en évaluant les conséquences réelles de certaines dispositions avant leur généralisation.

Exemple

En mai 2023, le Parlement a adopté une loi permettant de tester la surveillance algorithmique à l'aide de caméras intelligentes pendant les JO de Paris de 2024 et la Coupe du Monde de Rugby de 2023. Cette loi est une expérimentation qui prendra fin au 31/05/2025.

ARTICLE 38

Le Gouvernement peut, pour l'exécution de son programme, demander au Parlement l'autorisation de prendre par ordonnances, pendant un délai limité, des mesures qui sont normalement du domaine de la loi.

Les ordonnances sont prises en Conseil des ministres après avis du Conseil d'Etat. Elles entrent en vigueur dès leur publication mais deviennent caduques si le projet de loi de ratification n'est pas déposé devant le Parlement avant la date fixée par la loi d'habilitation. Elles ne peuvent être ratifiées que de manière expresse.

A l'expiration du délai mentionné au premier alinéa du présent article, les ordonnances ne peuvent plus être modifiées que par la loi dans les matières qui sont du domaine législatif.

Les clés pour comprendre

Ordonnances : Mesures prises par le Gouvernement dans des domaines qui relèvent normalement de la loi.

Loi d'habilitation : Loi qui autorise le Gouvernement à prendre des ordonnances.

Résumé

Le Gouvernement peut demander au Parlement la permission de prendre des décisions, appelées ordonnances, dans des domaines qui doivent normalement être réglementés par la loi. Ces ordonnances doivent ensuite être approuvées par le Parlement pour devenir permanentes.

Décryptage

L'article 38 offre au Gouvernement un moyen de prendre rapidement des décisions dans des situations urgentes ou spécifiques, sans passer par le processus législatif habituel. Cependant, afin de garantir un contrôle démocratique, cette capacité est revêtue d'une obligation de faire approuver la mesure par le Parlement.

Exemple

L'article 38 a déjà été utilisé pour mener des réformes d'envergure. En 2016, le gouvernement a entrepris de réformer le droit des contrats. Il a ainsi adopté l'ordonnance n° 2016-131 du 10 février 2016 portant réforme d'une grande partie du Code civil. Cette ordonnance a été ratifiée par la loi du 20 avril 2018.

ARTICLE 39

L'initiative des lois appartient concurremment au Premier ministre et aux membres du Parlement.

Les projets de loi sont délibérés en conseil des ministres après avis du Conseil d'Etat et déposés sur le bureau de l'une des deux Assemblées. Les projets de loi de finances et de loi de financement de la sécurité sociale sont soumis en premier lieu à l'Assemblée nationale. Sans préjudice du premier alinéa de l'article 44, les projets de loi ayant pour principal objet l'organisation des collectivités territoriales sont soumis en premier lieu au Sénat.

La présentation des projets de loi déposés devant l'Assemblée nationale ou le Sénat répond aux conditions fixées par une loi organique.

Les projets de loi ne peuvent être inscrits à l'ordre du jour si la Conférence des présidents de la première assemblée saisie constate que les règles fixées par la loi organique sont méconnues. En cas de désaccord entre la Conférence des présidents et le Gouvernement, le président de l'assemblée intéressée ou le Premier ministre peut saisir le Conseil constitutionnel qui statue dans un délai de huit jours.

Dans les conditions prévues par la loi, le président d'une assemblée peut soumettre pour avis au Conseil d'État, avant son examen en commission, une proposition de loi déposée par l'un des membres de cette assemblée, sauf si ce dernier s'y oppose.

Les clés pour comprendre

Conférence des Présidents : Comité de direction de chaque assemblée qui fixe l'ordre du jour.

Projet de loi : initiative législative proposée par premier Ministre.

Proposition de loi : initiative législative proposée par un membre du Parlement.

Résumé

Le Premier ministre et les membres du Parlement peuvent proposer de nouvelles lois.

Avant d'être débattus par le Parlement, les projets de loi sont examinés par le Conseil d'État (qui rend un avis) et le Conseil des Ministres.

Les lois de finance et les lois de financement de la sécurité sociale sont d'abord soumises à l'Assemblée Nationale pour discussion.

Les règles pour présenter les projets de loi sont fixées par une loi organique. Si ces règles ne sont pas respectées, le projet ne peut pas être discuté.

Décryptage

L'article 39 fixe la procédure pour proposer des projets de loi.

La consultation obligatoire du Conseil d'État et la possibilité de saisir le Conseil constitutionnel garantissent processus d'examen rigoureux.

Certaines lois, en raison de leur importance, sont d'abord examinées par l'Assemblée nationale.

Exemple

En 2005, le gouvernement français, sous la direction du Premier ministre Dominique de Villepin, a proposé le Contrat Première Embauche (CPE). Avant d'être débattue au Parlement, cette proposition de loi a été examinée en conseil des ministres et a reçu l'avis du Conseil d'État.

Toutefois, cette proposition a suscité de vives controverses et d'importantes manifestations. Face à l'opposition populaire, le gouvernement a finalement décidé de ne pas aller au bout du processus législatif.

ARTICLE 40

Les propositions et amendements formulés par les membres du Parlement ne sont pas recevables lorsque leur adoption aurait pour conséquence soit une diminution des ressources publiques, soit la création ou l'aggravation d'une charge publique.

Les clés pour comprendre

Amendements : Suggestions de modifications d'un projet de texte législatif en cours d'examen.

Ressources publiques : Revenus de l'État provenant des impôts, taxes et autres sources.

Charge publique : Dépense pour l'État.

Résumé

Les parlementaires ne peuvent pas proposer de nouvelles lois ou modifications de projets de loi qui réduiraient les revenus de l'État ou augmenteraient ses dépenses.

Décryptage

L'article 40 introduit le principe d'irrecevabilité financière. Il vise à maintenir la stabilité budgétaire en empêchant les parlementaires de proposer des mesures qui pourraient déséquilibrer le budget de l'État.

Le Parlement est en charge du contrôle de la recevabilité financière des propositions de loi et amendements.

Il garantit ainsi que le gouvernement conserve la maîtrise du budget de l'État puisque l'article 40 ne s'applique pas au gouvernement.

Exemple

En 2019, lors des débats sur la réforme des retraites en France, plusieurs amendements proposés par des parlementaires ont été rejetés en vertu de l'article 40 car ils auraient entraîné des coûts supplémentaires pour l'État sans proposer de financements compensatoires.

ARTICLE 41

S'il apparaît au cours de la procédure législative qu'une proposition ou un amendement n'est pas du domaine de la loi ou est contraire à une délégation accordée en vertu de l'article 38, le Gouvernement ou le président de l'assemblée saisie peut opposer l'irrecevabilité.

En cas de désaccord entre le Gouvernement et le Président de l'Assemblée intéressée, le Conseil constitutionnel, à la demande de l'un ou de l'autre, statue dans un délai de huit jours.

Les clés pour comprendre

Domaine de la loi : Ensemble des matières qui relèvent de la compétence du Parlement.

Délégation accordée en vertu de l'article 38 : Autorisation donnée au Gouvernement de prendre des mesures normalement du domaine de la loi.

Résumé

Il peut arriver qu'une proposition de loi ou un amendement ► ne relève pas de la compétence du Parlement ► va à l'encontre d'une délégation au Gouvernement pour légiférer.

Si de telles situations se produisent, alors la proposition de loi ou l'amendement seront jugés irrecevables.

En cas de désaccord sur cette irrecevabilité, le Conseil constitutionnel tranche.

Décryptage

L'article 41 prévoit un mécanisme de contrôle qui garantit que le Parlement reste dans le cadre de ses compétences. Il permet d'éviter les conflits entre le Gouvernement et le Parlement sur la nature des textes proposés.

ARTICLE 42

La discussion des projets et des propositions de loi porte, en séance, sur le texte adopté par la commission saisie en application de l'article 43 ou, à défaut, sur le texte dont l'assemblée a été saisie.

Toutefois, la discussion en séance des projets de révision constitutionnelle, des projets de loi de finances et des projets de loi de financement de la sécurité sociale porte, en première lecture devant la première assemblée saisie, sur le texte présenté par le Gouvernement et, pour les autres lectures, sur le texte transmis par l'autre assemblée.

La discussion en séance, en première lecture, d'un projet ou d'une proposition de loi ne peut intervenir, devant la première assemblée saisie, qu'à l'expiration d'un délai de six semaines après son dépôt. Elle ne peut intervenir, devant la seconde assemblée saisie, qu'à l'expiration d'un délai de quatre semaines à compter de sa transmission.

L'alinéa précédent ne s'applique pas si la procédure accélérée a été engagée dans les conditions prévues à l'article 45. Il ne s'applique pas non plus aux projets de loi de finances, aux projets de loi de financement de la sécurité sociale et aux projets relatifs aux états de crise.

Les clés pour comprendre

Discussion en séance : Débat en présence de tous les parlementaires d'une assemblée (Assemblée nationale ou Sénat) sur un texte législatif.

Commission : Groupe de parlementaires chargé d'examiner un texte avant sa discussion en séance.

Procédure accélérée : Procédure permettant d'accélérer l'examen d'un texte, en réduisant le nombre de lectures.

Résumé

L'article 42 explique comment les projets et propositions de loi sont discutés au Parlement.

En général, le débat porte sur le texte préparé par une commission. Mais pour certains textes importants, comme les modifications de la Constitution ou le budget, c'est le texte du Gouvernement qui est discuté en premier. Il y a aussi des délais à respecter avant de discuter un texte, sauf dans certains cas spéciaux.

Décryptage

L'article 42 organise la manière dont les textes législatifs sont débattus au Parlement. Il vise à assurer que les textes soient correctement examinés en commission avant d'être discutés en séance plénière. Cependant, il prévoit des exceptions pour certains textes importants ou urgents.

ARTICLE 43

Les projets et propositions de loi sont envoyés pour examen à l'une des commissions permanentes dont le nombre est limité à huit dans chaque assemblée.

À la demande du Gouvernement ou de l'assemblée qui en est saisie, les projets ou propositions de loi sont envoyés pour examen à une commission spécialement désignée à cet effet.

Les clés pour comprendre

Commissions permanentes : Groupes de travail constitués au sein des assemblées parlementaires pour étudier les textes législatifs.

Résumé

Les textes législatifs sont envoyés à l'une des commissions permanentes pour étude. Cependant, si le Gouvernement ou l'assemblée le souhaite, un texte peut être envoyé à une commission spécialement créée pour lui.

Décryptage de l'article

L'article 43 organise le travail parlementaire et la manière dont les textes sont examinés en commission. Il garantit que chaque texte est étudié en détail par une commission, qu'elle soit permanente ou spécialement désignée.

Exemple

En 2016, lors de la discussion de la loi travail, une commission spéciale a été créée à l'Assemblée nationale pour examiner le texte.

ARTICLE 44

Les membres du Parlement et le Gouvernement ont le droit d'amendement. Ce droit s'exerce en séance ou en commission selon les conditions fixées par les règlements des assemblées, dans le cadre déterminé par une loi organique.

Après l'ouverture du débat, le Gouvernement peut s'opposer à l'examen de tout amendement qui n'a pas été antérieurement soumis à la commission.

Si le Gouvernement le demande, l'Assemblée saisie se prononce par un seul vote sur tout ou partie du texte en discussion en ne retenant que les amendements proposés ou acceptés par le Gouvernement.

Les clés pour comprendre

Droit d'amendement : droit de proposer des modifications à un texte législatif.

Loi organique : Type de loi qui précise les modalités d'application de la Constitution.

Résumé

Les parlementaires et le Gouvernement peuvent proposer des modifications aux projets de textes législatifs, pendant les débats ou en commission.

Une fois le débat ouvert, le Gouvernement peut refuser de discuter des amendements non présentés en commission.

De plus, si le Gouvernement le souhaite, il peut demander un vote unique sur le texte et ne traiter que les amendements qu'il a proposés ou acceptés.

Décryptage

L'article 44 garantit le droit pour les parlementaires et le gouvernement de proposer des amendements. Il donne néanmoins au Gouvernement des moyens de contrôler le processus législatif ▸ en limitant les amendements ▸ en demandant un vote unique.

Exemple

En 2023, le gouvernement a entrepris une réforme du régime des retraites. Cette réforme a fait l'objet de nombreux débats. Plusieurs milliers d'amendements ont été déposés par les députés. L'examen d'un si grand nombre d'amendements dans le délai imparti n'étant pas possible, le gouvernement a finalement utilisé la procédure de l'article 49-3.

ARTICLE 45

Tout projet ou proposition de loi est examiné successivement dans les deux Assemblées du Parlement en vue de l'adoption d'un texte identique. Sans préjudice de l'application des articles 40 et 41, tout amendement est recevable en première lecture dès lors qu'il présente un lien, même indirect, avec le texte déposé ou transmis.

Lorsque, par suite d'un désaccord entre les deux Assemblées, un projet ou une proposition de loi n'a pu être adopté après deux lectures par chaque Assemblée ou, si le Gouvernement a décidé d'engager la procédure accélérée sans que les Conférences des présidents s'y soient conjointement opposées, après une seule lecture par chacune d'entre elles, le Premier ministre ou, pour une proposition de loi, les présidents des deux assemblées agissant conjointement, ont la faculté de provoquer la réunion d'une commission mixte paritaire chargée de proposer un texte sur les dispositions restant en discussion.

Le texte élaboré par la commission mixte peut être soumis par le Gouvernement pour approbation aux deux Assemblées. Aucun amendement n'est recevable sauf accord du Gouvernement.

Si la commission mixte ne parvient pas à l'adoption d'un texte commun ou si ce texte n'est pas adopté dans les conditions prévues à l'alinéa précédent, le Gouvernement peut, après une nouvelle lecture par l'Assemblée nationale et par le Sénat, demander à l'Assemblée nationale de statuer définitivement. En ce cas, l'Assemblée nationale peut reprendre soit le texte élaboré par la commission mixte, soit le dernier texte voté par elle, modifié le cas échéant par un ou plusieurs des amendements adoptés par le Sénat.

Les clés pour comprendre

Commission mixte paritaire : Commission composée de membres des deux Assemblées visant à trouver un accord sur un texte en cas de désaccord.

Cavalier législatif: Disposition insérée dans un projet ou une proposition de loi qui n'a aucun lien avec le sujet initial du texte en discussion. En d'autres termes, il s'agit d'une disposition "hors sujet" par rapport à l'objet principal du texte législatif.

Résumé

Un projet ou une proposition de loi doit être examiné par les deux Assemblées pour être adopté. Il doit être adopté dans une version identique par les deux Assemblées.

Si les deux Assemblées ne s'accordent pas, une commission mixte paritaire est formée pour proposer un texte commun.

Si aucun accord n'est trouvé ou si le texte commun n'est pas adopté, le Gouvernement peut demander à l'Assemblée nationale de prendre la décision finale.

Décryptage

L'article 45 vise à garantir que les lois soient adoptées dans une version consensuelle. Pour cela, il établit une procédure pour résoudre les éventuels désaccords entre les deux Assemblées lors des débats et votes.

Cette procédure permet au Gouvernement de trancher en cas de blocage persistant.

Exemple

En 2016, lors de la discussion de la loi travail, face aux désaccords persistants entre les deux Assemblées, le Gouvernement a utilisé la procédure de la commission mixte paritaire. Cependant, faute d'accord, l'Assemblée nationale a finalement été amenée à statuer définitivement sur le texte.

ARTICLE 46

Les lois auxquelles la Constitution confère le caractère de lois organiques sont votées et modifiées dans les conditions suivantes :

Le projet ou la proposition ne peut, en première lecture, être soumis à la délibération et au vote des assemblées qu'à l'expiration des délais fixés au troisième alinéa de l'article 42. Toutefois, si la procédure accélérée a été engagée dans les conditions prévues à l'article 45, le projet ou la proposition ne peut être soumis à la délibération de la première assemblée saisie avant l'expiration d'un délai de quinze jours après son dépôt.

La procédure de l'article 45 est applicable. Toutefois, faute d'accord entre les deux assemblées, le texte ne peut être adopté par l'Assemblée nationale en dernière lecture qu'à la majorité absolue de ses membres.

Les lois organiques relatives au Sénat doivent être votées dans les mêmes termes par les deux assemblées.

Les lois organiques ne peuvent être promulguées qu'après déclaration par le Conseil constitutionnel de leur conformité à la Constitution.

Les clés pour comprendre

Lois organiques : Lois qui ont pour objet de préciser ou de compléter les dispositions de la Constitution.

Majorité absolue : Plus de la moitié des votes exprimés.

Résumé

Les lois organiques ont un processus d'adoption spécifique.

Elles doivent respecter des délais particuliers avant d'être discutées.

Si les deux assemblées ne se mettent pas d'accord, l'Assemblée nationale peut adopter le texte à la majorité absolue.

Les lois concernant le Sénat doivent être adoptées dans les mêmes termes par les deux assemblées.

Avant d'être promulguées, elles doivent être validées par le Conseil constitutionnel pour s'assurer qu'elles respectent la Constitution.

Décryptage

L'article 46 établit des règles spécifiques pour l'adoption des lois organiques.

La nécessité d'une validation par le Conseil constitutionnel garantit leur conformité avec la Constitution.

Exemple

En 2008, une loi organique relative à l'application du cinquième alinéa de l'article 13 de la Constitution a été adoptée. Cette loi, qui concerne la nomination des responsables de certains organismes publics, a dû

116

suivre le processus spécifique énoncé dans l'article 46 et a été validée par le Conseil constitutionnel avant sa promulgation.

ARTICLE 47

Le Parlement vote les projets de loi de finances dans les conditions prévues par une loi organique.

Si l'Assemblée nationale ne s'est pas prononcée en première lecture dans le délai de quarante jours après le dépôt d'un projet, le Gouvernement saisit le Sénat qui doit statuer dans un délai de quinze jours. Il est ensuite procédé dans les conditions prévues à l'article 45.

Si le Parlement ne s'est pas prononcé dans un délai de soixante-dix jours, les dispositions du projet peuvent être mises en vigueur par ordonnance.

Si la loi de finances fixant les ressources et les charges d'un exercice n'a pas été déposée en temps utile pour être promulguée avant le début de cet exercice, le Gouvernement demande d'urgence au Parlement l'autorisation de percevoir les impôts et ouvre par décret les crédits se rapportant aux services votés.

Les délais prévus au présent article sont suspendus lorsque le Parlement n'est pas en session.

Les clés pour comprendre

Loi de finances : Texte législatif qui détermine les ressources et les charges de l'État pour une année civile.

Loi organique : Type de loi qui précise les modalités d'application de la Constitution.

Ordonnance : Acte pris par le Gouvernement dans des domaines relevant normalement de la loi, après autorisation du Parlement.

Crédits : Autorisations budgétaires permettant d'engager des dépenses publiques.

Résumé

Le Parlement vote les projets de budget de l'État.

Si l'Assemblée nationale ne se prononce pas dans les 40 jours suivant le dépôt du projet de loi, le Sénat prend le relais.

Si le Parlement ne s'est toujours pas décidé dans les 70 jours, le Gouvernement peut adopter le budget par voie d'ordonnance.

Si la loi de finance n'a pas été promulguée avant le début de l'année civile, le Gouvernement pourra collecter les impôts. Pour cela, il lui faudra l'autorisation du Parlement.

Décryptage

L'article 47 met en place un mécanisme pour s'assurer que le budget de l'État est approuvé et mis en œuvre en temps voulu. Il donne la priorité à l'Assemblée nationale pour examiner le budget, mais si elle ne le fait pas rapidement, le Sénat intervient. Si aucun des deux ne parvient à une décision, le Gouvernement peut agir de sa propre initiative pour garantir la continuité financière de l'État.

ARTICLE 47-1

Le Parlement vote les projets de loi de financement de la sécurité sociale dans les conditions prévues par une loi organique.

Si l'Assemblée nationale ne s'est pas prononcée en première lecture dans le délai de vingt jours après le dépôt d'un projet, le Gouvernement saisit le Sénat qui doit statuer dans un délai de quinze jours. Il est ensuite procédé dans les conditions prévues à l'article 45.

Si le Parlement ne s'est pas prononcé dans un délai de cinquante jours, les dispositions du projet peuvent être mises en oeuvre par ordonnance.

Les délais prévus au présent article sont suspendus lorsque le Parlement n'est pas en session et, pour chaque assemblée, au cours des semaines où elle a décidé de ne pas tenir séance, conformément au deuxième alinéa de l'article 28.

Les clés pour comprendre

Projets de loi de financement de la sécurité sociale : Textes concernant le budget de la sécurité sociale pour l'année à venir.

Loi organique : Type de loi qui précise comment appliquer la Constitution.

Ordonnance : Acte pris par le gouvernement dans des domaines normalement réservés à la loi, après autorisation du Parlement.

Session : Période pendant laquelle le Parlement se réunit pour travailler.

Résumé

L'article 47-1 explique comment le Parlement doit voter le budget de la sécurité sociale. Si l'Assemblée nationale ne donne pas son avis rapidement (20 jours après le dépôt du projet de loi), le Sénat doit le faire en 15 jours.

Si le Parlement ne décide rien en 50 jours, le gouvernement peut agir seul en adoptant une ordonnance.

Décryptage

L'article 47-1 met l'accent sur l'importance d'une action rapide du Parlement concernant le budget de la sécurité sociale. Il établit des délais stricts pour garantir une prise de décision en temps opportun et offre au gouvernement la possibilité d'agir si le Parlement ne parvient pas à une décision.

ARTICLE 47-2

La Cour des comptes assiste le Parlement dans le contrôle de l'action du Gouvernement. Elle assiste le Parlement et le Gouvernement dans le contrôle de l'exécution des lois de finances et de l'application des lois de financement de la sécurité sociale ainsi que dans l'évaluation des politiques publiques. Par ses rapports publics, elle contribue à l'information des citoyens.

Les comptes des administrations publiques sont réguliers et sincères. Ils donnent une image fidèle du résultat de leur gestion, de leur patrimoine et de leur situation financière.

Les clés pour comprendre

Cour des comptes : Institution indépendante chargée de contrôler les finances publiques.

Lois de finances : Lois qui déterminent les ressources et les charges de l'État pour un exercice donné.

Lois de financement de la sécurité sociale : Lois qui déterminent les ressources et les charges de la sécurité sociale.

Résumé

La Cour des comptes aide le Parlement à surveiller l'action du Gouvernement.

Elle assiste également le Parlement et le Gouvernement dans le contrôle de l'exécution des lois de finance et de financement de la sécurité sociale.

Elle évalue également l'efficacité des politiques publiques.

Elle produit des rapports qui sont destinés à informer les citoyens sur ces sujets.

Décryptage

L'article 47-2 renforce la transparence et la responsabilité financière en confiant à la Cour des comptes le rôle de surveillance et d'évaluation. Il garantit que les fonds publics sont utilisés de manière appropriée et que les citoyens sont informés de la gestion financière de l'État.

Exemple

En 2022, dans son rapport public annuel, la Cour des comptes a dressé le bilan de la crise sanitaire liée à la pandémie de covid-19.

ARTICLE 48

Sans préjudice de l'application des trois derniers alinéas de l'article 28, l'ordre du jour est fixé par chaque assemblée.

Deux semaines de séance sur quatre sont réservées par priorité, et dans l'ordre que le Gouvernement a fixé, à l'examen des textes et aux débats dont il demande l'inscription à l'ordre du jour.

En outre, l'examen des projets de loi de finances, des projets de loi de financement de la sécurité sociale et, sous réserve des dispositions de l'alinéa suivant, des textes transmis par l'autre assemblée depuis six semaines au moins, des projets relatifs aux états de crise et des demandes d'autorisation visées à l'article 35 est, à la demande du Gouvernement, inscrit à l'ordre du jour par priorité.

Une semaine de séance sur quatre est réservée par priorité et dans l'ordre fixé par chaque assemblée au contrôle de l'action du Gouvernement et à l'évaluation des politiques publiques.

Un jour de séance par mois est réservé à un ordre du jour arrêté par chaque assemblée à l'initiative des groupes d'opposition de l'assemblée intéressée ainsi qu'à celle des groupes minoritaires.

Une séance par semaine au moins, y compris pendant les sessions extraordinaires prévues à l'article 29, est réservée par priorité aux questions des membres du Parlement et aux réponses du Gouvernement.

Les clés pour comprendre

Séance : Réunion où les parlementaires se rassemblent pour débattre et voter.

Groupes d'opposition : Groupes parlementaires qui ne font pas partie de la majorité soutenant le gouvernement.

Groupes minoritaires : Petits groupes parlementaires qui ne sont pas nécessairement dans l'opposition mais qui ne font pas partie de la majorité dominante.

Résumé

L'article 48 explique comment est organisé le programme des discussions au Parlement. Il précise que le gouvernement a la priorité pour choisir les sujets deux semaines sur quatre. Les questions budgétaires, les urgences et certains autres sujets importants sont aussi prioritaires. Une semaine sur quatre est consacrée au contrôle du gouvernement et à l'évaluation de ses actions.

De plus, une fois par mois, les groupes d'opposition et minoritaires peuvent choisir les sujets de discussion. Enfin, il y a une séance chaque semaine pour poser des questions au gouvernement.

Analyse

L'article 48 structure la manière dont le Parlement organise ses débats. Il garantit un équilibre entre les priorités du gouvernement et celles des parlementaires.

Il assure :

- au gouvernement : de pouvoir avancer sur son programme
- à l'opposition et aux groupes minoritaires : de pouvoir exprimer leur voix

Exemple

En 2019, lors des débats sur la réforme des retraites en France, l'ordre du jour du Parlement était très chargé. Le gouvernement, souhaitant faire avancer rapidement sa réforme, a inscrit ce texte à l'ordre du jour en priorité, conformément à l'article 48.

Cependant, de nombreux députés de l'opposition et des groupes minoritaires ont également utilisé leurs droits, selon le même article, pour organiser des séances de questions au gouvernement et des débats spécifiques sur le sujet, montrant ainsi l'importance de cet équilibre dans la pratique parlementaire.

Article 49

Le Premier ministre, après délibération du Conseil des ministres, engage devant l'Assemblée nationale la responsabilité du Gouvernement sur son programme ou éventuellement sur une déclaration de politique générale.

L'Assemblée nationale met en cause la responsabilité du Gouvernement par le vote d'une motion de censure. Une telle motion n'est recevable que si elle est signée par un dixième au moins des membres de l'Assemblée nationale. Le vote ne peut avoir lieu que quarante-huit heures après son dépôt. Seuls sont recensés les votes favorables à la motion de censure qui ne peut être adoptée qu'à la majorité des membres composant l'Assemblée. Sauf dans le cas prévu à l'alinéa ci-dessous, un député ne peut être signataire de plus de trois motions de censure au cours d'une même session ordinaire et de plus d'une au cours d'une même session extraordinaire.

Le Premier ministre peut, après délibération du Conseil des ministres, engager la responsabilité du Gouvernement devant l'Assemblée nationale sur le vote d'un projet de loi de finances ou de financement de la sécurité sociale. Dans ce cas, ce projet est considéré comme adopté, sauf si une motion de censure, déposée dans les vingt-quatre heures qui suivent, est votée dans les conditions prévues à l'alinéa précédent. Le Premier ministre peut, en outre, recourir à cette procédure pour un autre projet ou une proposition de loi par session.

Le Premier ministre a la faculté de demander au Sénat l'approbation d'une déclaration de politique générale.

Les clés pour comprendre

Motion de censure : moyen pour l'Assemblée nationale de renverser le gouvernement en votant contre sa politique.

Résumé

L'article 49 permet au Premier ministre, après délibération du Conseil des ministres, d'engager la responsabilité du gouvernement devant l'Assemblée nationale sur son programme ou une déclaration de politique générale.

L'Assemblée nationale peut également engager la responsabilité du gouvernement si 1/10e de ses membres signent une motion de censure. Dans une telle hypothèse, un vote est organisé 48h après la signature de la motion de censure. Pour renverser le gouvernement, la motion de censure doit être adoptée à la majorité des membres composant l'Assemblée.

Le Premier ministre peut également engager la responsabilité de son gouvernement sur ►un projet de loi de finances ou de financement de la sécurité sociale ►un autre projet ou proposition de loi par session. Le texte de loi concerné sera considéré comme adopté sauf si les députés votent une motion de censure dans les 24 heures suivant le dépôt du projet.

Décryptage

L'article 49 définit le mécanisme permettant d'engager la responsabilité du gouvernement devant l'Assemblée nationale.

Il permet d'assurer la stabilité du gouvernement tout en fournissant à l'Assemblée nationale un moyen de contrôle sur son action. On parle ainsi de parlementarisme rationalisé. L'article 49 vise en effet à éviter que le gouvernement ne soit renversé par des alliances partisanes de circonstances, ce qui était monnaie courante pendant la IVe République.

Il accorde une arme puissante au gouvernement en son 3e alinéa puisqu'il peut "contraindre" l'adoption d'un texte qui n'aurait pas convaincu les parlementaires. Il s'agit de limiter l'obstruction parlementaire qui a pu être constatée durant la IVe République.

Exemple

En 2023, le Premier ministre Elisabeth Borne a engagé la responsabilité du gouvernement sur le projet de loi visant à réformer le régime des retraites en France. Ce choix est justifié par le constat d'une forte obstruction parlementaire (plusieurs milliers d'amendements avaient été déposés). Ce mécanisme a permis de garantir la stabilité du gouvernement et de lui donner une légitimité pour mettre cette réforme.

ARTICLE 50

Lorsque l'Assemblée nationale adopte une motion de censure ou lorsqu'elle désapprouve le programme ou une déclaration de politique générale du Gouvernement, le Premier ministre doit remettre au Président de la République la démission du Gouvernement.

Les clés pour comprendre

Motion de censure : Proposition votée par l'Assemblée nationale pour montrer qu'elle n'a plus confiance dans le gouvernement.

Résumé

Si l'Assemblée nationale témoigne d'une perte de confiance vis à vis du gouvernement, soit en adoptant une motion de censure, soit en rejetant le programme ou une déclaration du gouvernement, alors le Premier ministre doit démissionner avec tout son gouvernement.

Décryptage

L'article 50 est un mécanisme de contrôle de l'Assemblée nationale sur le gouvernement. Il garantit que le gouvernement a la confiance de la majorité des députés. Si ce n'est pas le cas, le gouvernement ne peut pas continuer à exercer et doit démissionner. C'est une manière de garantir la cohérence entre la majorité parlementaire et le gouvernement.

Exemple

En 1962, suite à un désaccord sur le projet de référendum sur l'élection du président de la république au suffrage universel direct, une motion de censure a été adoptée contre le gouvernement de Georges Pompidou.

Conformément à l'article 50, le Premier ministre Georges Pompidou a remis la démission de son gouvernement au Président Charles de Gaulle. Cependant, De Gaulle a renommé Pompidou Premier ministre.

ARTICLE 50-1

Devant l'une ou l'autre des assemblées, le Gouvernement peut, de sa propre initiative ou à la demande d'un groupe parlementaire au sens de l'article 51-1, faire, sur un sujet déterminé, une déclaration qui donne lieu à débat et peut, s'il le décide, faire l'objet d'un vote sans engager sa responsabilité.

Résumé

L'article 50-1 de la constitution permet au Gouvernement de faire une déclaration devant l'une des assemblées parlementaires, pouvant entraîner un débat et un vote. Cette déclaration peut être faite de sa propre initiative ou à la demande d'un groupe parlementaire. Le Gouvernement peut décider de soumettre cette déclaration au vote sans engager sa responsabilité.

Décryptage

Cet article permet au Gouvernement de s'exprimer devant le Parlement sur un sujet précis, tout en conservant la possibilité de ne pas engager sa responsabilité en cas de vote. Cela lui offre une certaine liberté de parole tout en lui permettant d'obtenir un soutien ou une opposition de la part des parlementaires. Cela renforce également le rôle de contrôle du Parlement sur l'action du Gouvernement.

Exemple

En 2018, le Premier ministre Édouard Philippe a fait une déclaration devant l'Assemblée nationale sur la réforme de la SNCF. Cette déclaration a suscité un débat et un vote, sans que la responsabilité du Gouvernement ne soit engagée. Cela a permis au Gouvernement de présenter son projet et de mesurer l'opinion des parlementaires avant de poursuivre la réforme.

ARTICLE 51

La clôture de la session ordinaire ou des sessions extraordinaires est de droit retardée pour permettre, le cas échéant, l'application de l'article 49. A cette même fin, des séances supplémentaires sont de droit.

Les clés pour comprendre

Session ordinaire : période pendant laquelle le Parlement se réunit chaque année pour discuter et voter des lois.

Sessions extraordinaires : période de réunion du Parlement en dehors de la session ordinaire, convoquée par le Président de la République pour traiter de sujets spécifiques.

Article 49 : article qui permet au gouvernement de faire adopter un texte sans vote du Parlement en engageant sa responsabilité.

Résumé

La clôture de la session ordinaire ou des sessions extraordinaires peut être retardée si nécessaire pour appliquer l'article 49 de la Constitution. Des séances supplémentaires peuvent également être organisées pour cela.

Décryptage

Cet article permet au gouvernement de prolonger la session parlementaire si besoin est pour faire adopter un texte en engageant sa responsabilité. Cela lui donne un certain pouvoir et peut être vu comme une forme de pression sur le Parlement pour faire passer ses projets de loi.

ARTICLE 51-1

Le règlement de chaque assemblée détermine les droits des groupes parlementaires constitués en son sein. Il reconnaît des droits spécifiques aux groupes d'opposition de l'assemblée intéressée ainsi qu'aux groupes minoritaires.

Les clés pour comprendre

Règlement : ensemble de règles et de procédures fixant l'organisation et le fonctionnement d'une assemblée.

Groupes parlementaires : regroupement de députés ou de sénateurs partageant des affinités politiques communes.

Résumé

L'article 51-1 de la constitution énonce que le règlement de chaque assemblée doit préciser les droits des groupes parlementaires qui y sont constitués. Ces droits doivent également être accordés aux groupes d'opposition et aux groupes minoritaires.

Décryptage

Cet article vise à garantir une représentation équitable des différents courants politiques au sein des assemblées parlementaires. Il reconnaît ainsi l'importance de l'opposition et des groupes minoritaires dans le processus démocratique et leur accorde des droits spécifiques pour qu'ils puissent exercer leurs fonctions.

ARTICLE 51-2

Pour l'exercice des missions de contrôle et d'évaluation définies au premier alinéa de l'article 24, des commissions d'enquête peuvent être créées au sein de chaque assemblée pour recueillir, dans les conditions prévues par la loi, des éléments d'information.

La loi détermine leurs règles d'organisation et de fonctionnement. Leurs conditions de création sont fixées par le règlement de chaque assemblée.

Les clés pour comprendre

Commissions d'enquête : groupes de travail chargés de recueillir des informations sur un sujet précis.

Résumé

Cet article permet la création de commissions d'enquête au sein de chaque assemblée (Assemblée nationale et Sénat) pour mener des missions de contrôle et d'évaluation en recueillant des informations. Les règles d'organisation et de fonctionnement de ces commissions sont définies par la loi et le règlement de chaque assemblée.

Décryptage de l'article

Cet article garantit la possibilité pour les assemblées législatives de créer des commissions d'enquête afin de contrôler et évaluer l'exécution de leurs missions. Ces commissions jouent un rôle important dans la transparence et la responsabilité des institutions publiques. Elles permettent de recueillir des informations et de mener des enquêtes sur des sujets précis. La loi et le règlement encadrent leur fonctionnement pour garantir une utilisation juste et efficace de cet outil de contrôle.

Exemple

Voici quelques exemples de commissions parlementaires créées :

2020 : Commission d'enquête relative à la lutte contre les fraudes aux prestations sociales

2021 : Commission d'enquête sur l'influence croissante des cabinets de conseil privés sur les politiques publiques

2022 : Commission d'enquête sur les débordements lors de la finale de la Ligue des Champions 2021-2022 au Stade de France

TITRE VI :

DES TRAITÉS ET ACCORDS INTERNATIONAUX (ARTICLES 52 À 55)

ARTICLE 52

Le Président de la République négocie et ratifie les traités.

Il est informé de toute négociation tendant à la conclusion d'un accord international non soumis à ratification.

Les clés pour comprendre

Ratifier : approuver officiellement un accord en y apposant sa signature.

Traités : accords internationaux conclus entre plusieurs États.

Résumé

Le Président de la République a le pouvoir de négocier et de ratifier les traités internationaux. Il doit également être informé de toute négociation en cours concernant un accord international qui ne nécessite pas d'être ratifié.

Décryptage

Cet article confère au Président de la République un rôle important dans la politique étrangère de la France. Il lui permet de représenter le pays sur la scène internationale et de négocier et signer des traités avec d'autres États.

Exemple

En 2016, le Président François Hollande a ratifié l'accord de Paris sur le climat, suite à une négociation internationale. Cet accord visait à lutter contre le réchauffement climatique en limitant les émissions de gaz à effet de serre.

ARTICLE 53

Les traités de paix, les traités de commerce, les traités ou accords relatifs à l'organisation internationale, ceux qui engagent les finances de l'État, ceux qui modifient des dispositions de nature législative, ceux qui sont relatifs à l'état des personnes, ceux qui comportent cession, échange ou adjonction de territoire, ne peuvent être ratifiés ou approuvés qu'en vertu d'une loi.

Ils ne prennent effet qu'après avoir été ratifiés ou approuvés.

Nulle cession, nul échange, nulle adjonction de territoire n'est valable sans le consentement des populations intéressées.

Les clés pour comprendre

Traités de paix : accords entre les États pour mettre fin à un conflit armé.

Traités de commerce : accords entre les États pour réglementer les échanges commerciaux.

Accords internationaux : accords conclus entre plusieurs États pour régler des questions d'ordre international.

Résumé

Certains types de traités (traités de paix, de commerce, ou relatifs aux finances de l'État) ne peuvent être ratifiés ou approuvés que par une loi.

Ils n'entrent en vigueur qu'après avoir été ratifiés ou approuvés.

Toute cession, échange ou adjonction de territoire doit être consentie par les populations résidant dans les territoires en question.

Décryptage

Cet article garantit la souveraineté de l'État en limitant le pouvoir du gouvernement dans la ratification de certains types de traités. Il assure également la protection des intérêts des populations concernées par une cession, un échange ou une adjonction de territoire.

Exemple

En 2016, le traité de libre-échange entre l'Union européenne et le Canada, le CETA, a été ratifié par la France après un long débat et une loi de ratification votée par le Parlement.

ARTICLE 53-1

La République peut conclure avec les Etats européens qui sont liés par des engagements identiques aux siens en matière d'asile et de protection des Droits de l'homme et des libertés fondamentales, des accords déterminant leurs compétences respectives pour l'examen des demandes d'asile qui leur sont présentées.

Toutefois, même si la demande n'entre pas dans leur compétence en vertu de ces accords, les autorités de la République ont toujours le droit de donner asile à tout étranger persécuté en raison de son action en faveur de la liberté ou qui sollicite la protection de la France pour un autre motif.

Les clés pour comprendre

Asile : protection accordée par un État à un étranger qui fuit son pays en raison de persécutions.

Résumé

La France peut conclure des accords avec d'autres États européens pour déterminer leurs compétences respectives en matière d'asile.

Même si une demande d'asile ne relève pas de leur compétence, les autorités françaises peuvent tout de même accorder l'asile à un étranger persécuté pour son engagement en faveur de la liberté ou pour tout autre motif.

Décryptage

La France peut coopérer avec d'autres pays pour gérer les demandes d'asile.

Elle conserve toutefois sa souveraineté car elle garde la possibilité d'accorder l'asile à un étranger en danger.

Cet article souligne l'importance des Droits de l'homme et des libertés fondamentales dans la politique d'asile de la France.

Exemple

En 2019, la France a accordé l'asile à une jeune saoudienne qui fuyait son pays en raison de son engagement en faveur des droits des femmes.

ARTICLE 53-2

La République peut reconnaître la juridiction de la Cour pénale internationale dans les conditions prévues par le traité signé le 18 juillet 1998.

Les clés pour comprendre

Cour pénale internationale : tribunal international chargé de juger les crimes de guerre, les crimes contre l'humanité et les génocides.

Résumé

La France peut accepter la compétence de la Cour pénale internationale pour juger des crimes internationaux, dans les conditions prévues par un traité signé le 18 juillet 1998.

Décryptage

Cet article montre l'engagement de la France envers la justice internationale et la lutte contre l'impunité des crimes les plus graves.

En reconnaissant la juridiction de la Cour pénale internationale située à La Haye, la France accepte de soumettre ses citoyens et ses ressortissants à la compétence de ce tribunal international.

ARTICLE 54

Si le Conseil constitutionnel, saisi par le Président de la République, par le Premier ministre, par le président de l'une ou l'autre assemblée ou par soixante députés ou soixante sénateurs, a déclaré qu'un engagement international comporte une clause contraire à la Constitution, l'autorisation de ratifier ou d'approuver l'engagement international en cause ne peut intervenir qu'après la révision de la Constitution.

Les clés pour comprendre

Engagement international : accord ou traité signé entre plusieurs pays.

Ratification : acte par lequel un État s'engage à respecter un traité international.

Révision de la Constitution : modification des articles de la Constitution française.

Résumé

Si un engagement international contient une clause contraire à la Constitution, alors celui-ci ne pourra être ratifié qu'après avoir modifié le texte de la Constitution.

Le Conseil constitutionnel peut être saisi par ►le Président de la République ►le Premier ministre ► le Président du Sénat ► le Président de l'Assemblée Nationale ► 60 députés ou 60 sénateurs.

Décryptage

L'article 54 met en place un mécanisme de contrôle de la conformité des engagements internationaux à la Constitution française. Il permet ainsi de garantir la primauté de la Constitution et de protéger les droits et libertés fondamentaux des citoyens français.

Exemple

En 1992, avant la ratification du Traité de Maastricht qui a créé l'Union européenne, le président Mitterrand a saisi le Conseil constitutionnel pour vérifier sa conformité avec la Constitution française.

Le Conseil a estimé que certaines dispositions du traité étaient contraires à la Constitution. La France a dû procéder à une révision de sa Constitution avant de pouvoir ratifier le Traité.

ARTICLE 55

Les traités ou accords régulièrement ratifiés ou approuvés ont, dès leur publication, une autorité supérieure à celle des lois, sous réserve, pour chaque accord ou traité, de son application par l'autre partie.

Les clés pour comprendre

Traités : accords conclus entre deux ou plusieurs pays, régissant leurs relations mutuelles.

Résumé

Les traités ou accords qui ont été officiellement ratifiés ont une autorité supérieure à celle des lois dès leur publication. Cependant, cette supériorité est soumise à la condition que l'autre partie impliquée dans l'accord l'applique également.

Décryptage

Cet article définit la place des traités et accords internationaux dans la hiérarchie des normes en France. Il pose le principe de leur primauté sur les lois françaises. Le Conseil Constitutionnel précise néanmoins dans son arrêt Sarran et Levacher du 30 octobre 1998 que la Constitution française demeure supérieure aux traités et accords internationaux.

Exemple

En 1989, dans son arrêt "Nicolo", le Conseil d'État a confirmé la primauté des traités internationaux sur le droit français.

TITRE VII :

LE CONSEIL CONSTITUTIONNEL (ARTICLES 56 À 63)

ARTICLE 56

Le Conseil constitutionnel comprend neuf membres, dont le mandat dure neuf ans et n'est pas renouvelable. Le Conseil constitutionnel se renouvelle par tiers tous les trois ans. Trois des membres sont nommés par le Président de la République, trois par le président de l'Assemblée nationale, trois par le président du Sénat. La procédure prévue au dernier alinéa de l'article 13 est applicable à ces nominations. Les nominations effectuées par le président de chaque assemblée sont soumises au seul avis de la commission permanente compétente de l'assemblée concernée.

En sus des neuf membres prévus ci-dessus, font de droit partie à vie du Conseil constitutionnel les anciens Présidents de la République.

Le Président est nommé par le Président de la République. Il a voix prépondérante en cas de partage.

Les clés pour comprendre

Conseil constitutionnel : institution française chargée de contrôler la conformité des lois à la Constitution.

Mandat : durée pendant laquelle les membres exercent leurs fonctions.

Résumé

Le Conseil constitutionnel est composé de neuf membres élus pour neuf ans. Leur mandat n'est pas renouvelable.

Un tiers des membres est renouvelé tous les trois ans.

Le Président de la République, le président de l'Assemblée nationale et le président du Sénat nomment chacun trois membres selon une procédure spécifique.

Les anciens Présidents de la République font également partie à vie du Conseil constitutionnel. Ils sont membres de droit.

Le Président du Conseil constitutionnel est nommé par le Président de la République et a une voix plus importante en cas d'égalité lors d'un vote.

Décryptage

Cet article définit la composition du Conseil constitutionnel et les modalités de nomination de ses membres.

Les modalités de désignation de ses membres visent à assurer une certaine indépendance de l'institution : ▸renouvellement des membres limités ▸ nomination par les différents pouvoirs ▸ présence des anciens présidents de la république.

Exemple

En 2016, le Président Hollande a nommé Laurent Fabius, son ancien ministre des affaires étrangères, président du Conseil Constitutionnel.

ARTICLE 57

Les fonctions de membre du Conseil constitutionnel sont incompatibles avec celles de ministre ou de membre du Parlement. Les autres incompatibilités sont fixées par une loi organique.

Les clés pour comprendre

Incompatibles : qui ne peuvent coexister ou être exercées ensemble.

Loi organique : loi qui a pour objet d'organiser et de réglementer le fonctionnement des institutions.

Résumé

Les membres du Conseil constitutionnel ne peuvent pas exercer en même temps les fonctions de ministre ou de membre du Parlement. D'autres incompatibilités peuvent également être fixées par une loi organique.

Décryptage

Cet article vise à garantir l'indépendance et l'impartialité des membres du Conseil constitutionnel en les empêchant d'exercer d'autres fonctions politiques en même temps. Il s'agit également de préserver la séparation des pouvoirs entre le pouvoir judiciaire et le pouvoir législatif.

Exemple

Suite à sa nomination en tant que président du Conseil Constitutionnel, Laurent Fabius a souhaité conserver ses fonctions de Président de la COP21 (Conférence de Paris sur le climat).

Face aux polémiques suscitées, il a finalement renoncé à la présidence de la COP21.

ARTICLE 58

Le Conseil constitutionnel veille à la régularité de l'élection du Président de la République.

Il examine les réclamations et proclame les résultats du scrutin.

Résumé

Le Conseil constitutionnel a pour rôle de s'assurer que l'élection du Président de la République s'est déroulée de manière conforme à la loi. Il a également le pouvoir d'examiner les réclamations et de proclamer les résultats du scrutin.

Décryptage

Le Conseil constitutionnel joue un rôle essentiel dans la préservation de la démocratie car il veille à ce que les règles et les procédures électorales liées à l'élection du Président de la République soient respectées.

Il réalise 3 types de contrôle:
- il vérifie l'éligibilité des candidats à l'occasion du dépôt des candidatures;
- il vérifie la régularité du scrutin lors des opérations électorales;
- il contrôle les réclamations après le vote ;

Exemple

En 2007, après le second tour de l'élection présidentielle, le Conseil constitutionnel a été saisi de plusieurs réclamations. Après avoir examiné toutes les réclamations, il n'a relevé aucune irrégularité et a ainsi proclamé l'élection de Nicolas Sarkozy.

ARTICLE 59

Le Conseil constitutionnel statue, en cas de contestation, sur la régularité de l'élection des députés et des sénateurs.

Résumé

Le Conseil constitutionnel est chargé de vérifier la conformité de l'élection des députés et des sénateurs en cas de contestation.

Décryptage

Cet article confère au Conseil constitutionnel un pouvoir important dans le processus électoral en France. Il garantit la légitimité des élus et permet de s'assurer que les règles électorales sont respectées.

ARTICLE 60

Le Conseil constitutionnel veille à la régularité des opérations de référendum prévues aux articles 11 et 89 et au titre XV. Il en proclame les résultats.

Les clés pour comprendre

Référendum : Vote direct des citoyens sur une question précise.

Résumé

Le Conseil constitutionnel est chargé de vérifier que les référendums se déroulent conformément aux règles établies. Il est également responsable de proclamer les résultats.

Décryptage

Cet article confère au Conseil constitutionnel un rôle important dans le processus de référendum. Il lui revient de s'assurer que les règles et les procédures sont respectées afin de garantir la légitimité du résultat du vote. Le Conseil constitutionnel joue ainsi un rôle de garde-fou pour prévenir toute manipulation ou irrégularité lors de la tenue d'un référendum.

Exemple

En 2005, les Français ont rejeté le Traité établissant une Constitution pour l'Europe par voie de référendum. À cette occasion, le Conseil constitutionnel a vérifié la régularité des opérations de vote et a proclamé les résultats.

ARTICLE 61

Les lois organiques, avant leur promulgation, les propositions de loi mentionnées à l'article 11 avant qu'elles ne soient soumises au référendum, et les règlements des assemblées parlementaires, avant leur mise en application, doivent être soumis au Conseil constitutionnel, qui se prononce sur leur conformité à la Constitution.

Aux mêmes fins, les lois peuvent être déférées au Conseil constitutionnel, avant leur promulgation, par le Président de la République, le Premier ministre, le Président de l'Assemblée nationale, le Président du Sénat ou soixante députés ou soixante sénateurs.

Dans les cas prévus aux deux alinéas précédents, le Conseil constitutionnel doit statuer dans le délai d'un mois. Toutefois, à la demande du Gouvernement, s'il y a urgence, ce délai est ramené à huit jours.

Dans ces mêmes cas, la saisine du Conseil constitutionnel suspend le délai de promulgation.

Les clés pour comprendre

Lois organiques : lois qui déterminent les règles relatives à l'organisation et au fonctionnement des pouvoirs publics.

Promulgation : acte par lequel le président de la République constate l'existence d'une loi et ordonne sa mise en application

Résumé

Avant leur promulgation, les lois organiques, les propositions de loi soumises au référendum et les règlements des assemblées parlementaires doivent être soumis au Conseil constitutionnel pour vérifier leur conformité à la Constitution.

Pour les autres textes, ce dernier peut également être saisi par le président de la République, le Premier ministre, le président de l'Assemblée nationale, le président du Sénat ou un groupe de soixante députés ou sénateurs.

Le Conseil doit rendre sa décision dans un délai d'un mois, mais en cas d'urgence, ce délai peut être raccourci à huit jours. La saisine du Conseil constitutionnel suspend le délai de promulgation.

Décryptage

L'article 61 garantit le contrôle de conformité a priori des lois à la Constitution par le Conseil constitutionnel.

Il doit impérativement être saisi avant la promulgation des textes les plus importants (loi organique, proposition de loi soumise à référendum, règlement des assemblées).

Il peut également être saisi pour un contrôle de constitutionnalité des autres projets ou proposition de loi.

Exemple

En 2023, le gouvernement Borne a entrepris une réforme des retraites. Après avoir utilisé la procédure de l'article 49 alinéa 3 pour faire adopter le texte par le Parlement, Elisabeth Borne a saisi le Conseil Constitutionnel (en même temps que plusieurs groupes de députés).

Le conseil constitutionnel a validé les grands principes de la réforme en rendant une décision de non-conformité partielle.

ARTICLE 61-1

Lorsque, à l'occasion d'une instance en cours devant une juridiction, il est soutenu qu'une disposition législative porte atteinte aux droits et libertés que la Constitution garantit, le Conseil constitutionnel peut être saisi de cette question sur renvoi du Conseil d'État ou de la Cour de cassation qui se prononce dans un délai déterminé.

Une loi organique détermine les conditions d'application du présent article.

NOTA :

La loi organique n° 2009-1523 du 10 décembre 2009 relative à l'application de l'article 61-1 de la Constitution a été publiée au Journal officiel du 11 décembre 2009.

Termes clés : instance, juridiction, disposition législative, droits et libertés, Constitution, Conseil constitutionnel, saisine, renvoi, Conseil d'État, Cour de cassation, délai déterminé, loi organique.

Les clés pour comprendre

Instance : procédure judiciaire en cours devant une juridiction.

Juridiction : organe chargé de rendre la justice.

Conseil d'État : haute juridiction administrative.

Cour de cassation : haute juridiction judiciaire.

Loi organique : texte de loi qui précise les modalités d'application d'un article de la Constitution.

Question prioritaire de constitutionnalité : possibilité pour un justiciable de contester la conformité d'une loi à la Constitution.

Résumé

Dans le cadre d'une procédure judiciaire en cours, une question de constitutionnalité peut être soulevée. Si tel est le cas, le Conseil d'État ou la Cour de Cassation pourra saisir le Conseil Constitutionnel pour lui soumettre la question prioritaire de constitutionnalité.

Décryptage

Cet article permet de contrôler à postériori (après leur promulgation) la conformité des lois en vigueur à la Constitution. Il renforce la protection des droits et libertés des citoyens français en leur donnant un accès direct au Conseil constitutionnel.

Exemple

En 2018, le Conseil constitutionnel a été saisi par le Conseil d'État pour vérifier la conformité de la loi Asile et Immigration avec les droits et libertés protégés par la Constitution. Suite à cette saisine, le Conseil constitutionnel a censuré plusieurs dispositions de la loi jugées non conformes à la Constitution, notamment en ce qui concerne le traitement des demandes d'asile.

ARTICLE 62

Une disposition déclarée inconstitutionnelle sur le fondement de l'article 61 ne peut être promulguée ni mise en application.

Une disposition déclarée inconstitutionnelle sur le fondement de l'article 61-1 est abrogée à compter de la publication de la décision du Conseil constitutionnel ou d'une date ultérieure fixée par cette décision. Le Conseil constitutionnel détermine les conditions et limites dans lesquelles les effets que la disposition a produits sont susceptibles d'être remis en cause.

Les décisions du Conseil constitutionnel ne sont susceptibles d'aucun recours. Elles s'imposent aux pouvoirs publics et à toutes les autorités administratives et juridictionnelles.

Les clés pour comprendre

Inconstitutionnelle : non conforme à la Constitution

Abrogée : annulée

Résumé

Une disposition d'un projet ou d'une proposition de loi jugée contraire à la Constitution ne pourra pas être promulguée.

Une disposition d'un texte de loi déjà en application et qui jugé contraire à la Constitution à l'occasion d'une question prioritaire de constitutionnalité sera abrogée à une date fixée par le juge.

Les décisions du Conseil constitutionnel ne peuvent pas être contestées et s'imposent à tous les pouvoirs publics et autorités administratives et juridictionnelles.

Décryptage

Cet article précise les conséquences des décisions d'inconstitutionnalité prononcées par le Conseil constitutionnel.

Exemple

En 2023, le Conseil constitutionnel a été saisi pour contrôler la conformité du projet de loi portant réforme des retraites à la constitution.

Il a jugé que les dispositions relatives à la création d'un CDI pour les séniors étaient inconstitutionnelles. Ces dispositions de la loi n'ont pas pu être promulguées.

ARTICLE 63

Une loi organique détermine les règles d'organisation et de fonctionnement du Conseil constitutionnel, la procédure qui est suivie devant lui, et notamment les délais ouverts pour le saisir de contestations.

TITRE VIII :

DE L'AUTORITÉ JUDICIAIRE

(ARTICLES 64 À 66-1)

ARTICLE 64

Le Président de la République est garant de l'indépendance de l'autorité judiciaire.

Il est assisté par le Conseil supérieur de la magistrature.

Une loi organique porte statut des magistrats.

Les magistrats du siège sont inamovibles.

Les clés pour comprendre

Conseil supérieur de la magistrature : Instance chargée de nommer, de muter et de sanctionner les magistrats.

Loi organique : Loi qui précise et organise les dispositions de la Constitution.

Magistrats du siège : Magistrats chargés de rendre la justice.

Inamovibilité : Principe selon lequel un magistrat ne peut pas être muté ou révoqué de manière arbitraire.

Résumé

Le Président de la République est responsable du respect de l'indépendance des juges. Dans cette mission, il est assisté par le Conseil supérieur de la magistrature, qui a pour rôle de gérer les nominations, mutations et sanctions des magistrats.

Une loi organique précise le statut des magistrats, qui sont inamovibles.

Décryptage

Cet article garantit l'indépendance de l'autorité judiciaire et son rôle essentiel dans la séparation des pouvoirs en France. En plaçant le Président de la République comme garant de cette indépendance, la Constitution vise à assurer un équilibre entre les pouvoirs exécutif et judiciaire. Le Conseil supérieur de la magistrature, composé notamment de magistrats élus, permet également de préserver l'indépendance de la justice.

Exemple

En 2018, Rémy Heitz est nommé Procureur de la République de Paris en remplacement de François Molins. Sa nomination a suscité des critiques et des interrogations quant à son indépendance. Certains ont en effet remis en question le rôle du Président de la République dans cette nomination.

ARTICLE 65

Le Conseil supérieur de la magistrature comprend une formation compétente à l'égard des magistrats du siège et une formation compétente à l'égard des magistrats du parquet.

La formation compétente à l'égard des magistrats du siège est présidée par le premier président de la Cour de cassation. Elle comprend, en outre, cinq magistrats du siège et un magistrat du parquet, un conseiller d'État désigné par le Conseil d'État, un avocat ainsi que six personnalités qualifiées qui n'appartiennent ni au Parlement, ni à l'ordre judiciaire, ni à l'ordre administratif. Le Président de la République, le Président de l'Assemblée nationale et le Président du Sénat désignent chacun deux personnalités qualifiées. La procédure prévue au dernier alinéa de l'article 13 est applicable aux nominations des personnalités qualifiées. Les nominations effectuées par le président de chaque assemblée du Parlement sont soumises au seul avis de la commission permanente compétente de l'assemblée intéressée.

La formation compétente à l'égard des magistrats du parquet est présidée par le procureur général près la Cour de cassation. Elle comprend, en outre, cinq magistrats du parquet et un magistrat du siège, ainsi que le conseiller d'État, l'avocat et les six personnalités qualifiées mentionnés au deuxième alinéa.

La formation du Conseil supérieur de la magistrature compétente à l'égard des magistrats du siège fait des propositions pour les nominations des magistrats du siège à la Cour de cassation, pour celles de premier président de cour d'appel et pour celles de président de tribunal de grande instance. Les autres magistrats du siège sont nommés sur son avis conforme.

La formation du Conseil supérieur de la magistrature compétente à l'égard des magistrats du parquet donne son avis sur les nominations qui concernent les magistrats du parquet.

La formation du Conseil supérieur de la magistrature compétente à l'égard des magistrats du siège statue comme conseil de discipline des magistrats du siège. Elle comprend alors, outre les membres visés au deuxième alinéa, le magistrat du siège appartenant à la formation compétente à l'égard des magistrats du parquet.

La formation du Conseil supérieur de la magistrature compétente à l'égard des magistrats du parquet donne son avis sur les sanctions disciplinaires qui les concernent. Elle comprend alors, outre les membres visés au troisième alinéa, le magistrat du parquet appartenant à la formation compétente à l'égard des magistrats du siège.

Le Conseil supérieur de la magistrature se réunit en formation plénière pour répondre aux demandes d'avis formulées par le Président de la République au titre de l'article 64. Il se prononce, dans la même formation, sur les questions relatives à la déontologie des magistrats ainsi que sur toute question relative au fonctionnement de la justice dont le saisit le ministre de la justice. La formation plénière comprend trois des cinq magistrats du siège mentionnés au deuxième alinéa, trois des cinq magistrats du parquet mentionnés au troisième alinéa, ainsi que le conseiller d'État, l'avocat et les six personnalités qualifiées mentionnés au deuxième alinéa. Elle est présidée par le premier président de la Cour de cassation, que peut suppléer le procureur général près cette cour.

Sauf en matière disciplinaire, le ministre de la justice peut participer aux séances des formations du Conseil supérieur de la magistrature.

175

Le Conseil supérieur de la magistrature peut être saisi par un justiciable dans les conditions fixées par une loi organique.

La loi organique détermine les conditions d'application du présent article.

Les clés pour comprendre

Conseil supérieur de la magistrature : organe chargé de la nomination et de la discipline des magistrats en France.

Magistrats du siège : juges chargés de rendre des décisions dans les tribunaux.

Magistrats du parquet : procureurs et avocats généraux chargés de représenter l'État dans les procédures judiciaires.

Cour de cassation : plus haute juridiction en France chargée de contrôler la conformité des décisions des tribunaux.

Résumé

Le Conseil supérieur de la magistrature se compose de deux formations. L'une est dédiée aux magistrats du siège et l'autre aux magistrats du parquet.

Chaque formation est présidée par un membre de la Cour de cassation et comprend également des membres issus d'autres institutions ou de la société civile.

Il répond aux demandes d'avis, aux questions liées à la déontologie de la profession et au fonctionnement de la justice.

Le Conseil supérieur de la magistrature peut être saisi par un justiciable et le ministre de la justice peut participer à ses séances.

Décryptage

L'article 65 précise l'organisation, la composition et les missions du Conseil supérieur de la Magistrature.

Le Conseil supérieur de la magistrature est composé de deux formations spécialisées pour les magistrats du siège et du parquet. Cela permet une prise en compte des spécificités de chaque fonction.

L'article 65 établit également un système de contrôle et de nomination des magistrats en France qui vise à garantir l'impartialité et l'indépendance des magistrats français.

Exemple

Le 24 septembre 2021, le Conseil supérieur de la magistrature a émis un avis sur la responsabilité et la protection des magistrats.

ARTICLE 66

Nul ne peut être arbitrairement détenu.

L'autorité judiciaire, gardienne de la liberté individuelle, assure le respect de ce principe dans les conditions prévues par la loi.

Les clés pour comprendre

Arbitrairement : sans raison valable, de manière injuste.

Autorité judiciaire : ensemble des institutions judiciaires chargées de rendre la justice.

Liberté individuelle : droit fondamental de chaque individu à ne pas être privé de sa liberté sans raison valable.

Résumé

Personne ne peut être privé de sa liberté de manière injustifiée. L'autorité judiciaire est chargée de veiller au respect de ce principe, dans le cadre de règles définies par la loi.

Décryptage

Cet article garantit le droit fondamental à la liberté individuelle et interdit les détentions arbitraires. L'autorité judiciaire est garante de ce droit.

Ainsi, toute privation de liberté doit être justifiée par des règles clairement définies par la loi.

ARTICLE 66-1

Nul ne peut être condamné à la peine de mort.

Résumé

Aucune personne ne peut être punie de la peine de mort en France.

Décryptage

Cet article garantit le droit à la vie pour chaque individu en France. Il s'inscrit dans une démarche de protection des droits humains et de la dignité de la personne.

En France, la peine de mort est abolie depuis 1981. Le principe de l'interdiction de la peine de mort entre dans le texte de la Constitution en 2007 (loi constitutionnelle n° 2007-239 du 23 février 2007 relative à l'interdiction de la peine de mort) suite au projet d'adoption du protocole n° 2 du Pacte International relatif aux droits civils et politiques.

Exemple

La dernière exécution d'un condamné à mort a eu lieu en septembre 1977 en France.

TITRE IX :

LA HAUTE COUR

(ARTICLES 67 À 68)

ARTICLE 67

Le Président de la République n'est pas responsable des actes accomplis en cette qualité, sous réserve des dispositions des articles 53-2 et 68.

Il ne peut, durant son mandat et devant aucune juridiction ou autorité administrative française, être requis de témoigner non plus que faire l'objet d'une action, d'un acte d'information, d'instruction ou de poursuite. Tout délai de prescription ou de forclusion est suspendu.

Les instances et procédures auxquelles il est ainsi fait obstacle peuvent être reprises ou engagées contre lui à l'expiration d'un délai d'un mois suivant la cessation des fonctions.

Les clés pour comprendre

Prescription ou forclusion : des délais au-delà desquels une action en justice ne peut plus être engagée.

Résumé

Le Président de la République n'est pas tenu responsable des actes qu'il a accomplis dans le cadre de ses fonctions, sauf dans les cas prévus par les articles 53-2 et 68.

Pendant son mandat, il ne peut pas être poursuivi ou témoigner devant une juridiction ou une autorité administrative française. Toute action en justice initiée contre lui est également suspendue. Cependant, ces procédures seront reprises à la fin de son mandat.

Décryptage

Cet article définit le régime de responsabilité du Président de la République.

La Constitution protège le Président de la République pendant son mandat en lui accordant :

- Une immunité judiciaire pour les actes liés à ses fonctions (sauf exceptions des articles 53-2 et 68)
- Une suspension des poursuites pour les actes non liées à ses fonctions.

Il doit en effet pouvoir exercer ses fonctions sans être entravé par des procédures judiciaires.

Exemple

Plusieurs présidents ont fait l'objet de condamnations après leur mandat présidentiel.

En 2011, Jacques Chirac pour abus de confiance, détournements de fonds publics et prise illégal d'intérêt dans l'affaire des emplois fictifs de la mairie de Paris.

En 2021, Nicolas Sarkozy est condamné en première instance dans l'affaire Bygmalion pour financement illégal de sa campagne présidentielle. Il a fait appel de cette décision. L'affaire est toujours en cours.

ARTICLE 68

Le Président de la République ne peut être destitué qu'en cas de manquement à ses devoirs manifestement incompatible avec l'exercice de son mandat. La destitution est prononcée par le Parlement constitué en Haute Cour.

La proposition de réunion de la Haute Cour adoptée par une des assemblées du Parlement est aussitôt transmise à l'autre qui se prononce dans les quinze jours.

La Haute Cour est présidée par le président de l'Assemblée nationale. Elle statue dans un délai d'un mois, à bulletins secrets, sur la destitution. Sa décision est d'effet immédiat.

Les décisions prises en application du présent article le sont à la majorité des deux tiers des membres composant l'assemblée concernée ou la Haute Cour. Toute délégation de vote est interdite. Seuls sont recensés les votes favorables à la proposition de réunion de la Haute Cour ou à la destitution.

Une loi organique fixe les conditions d'application du présent article.

Les clés pour comprendre

Destitution : procédure permettant de retirer à une personne occupant une fonction publique un pouvoir, un titre ou un mandat.

Parlement : ensemble des deux chambres du pouvoir législatif français, l'Assemblée nationale et le Sénat.

Haute Cour : institution composée des membres du Parlement, chargée de juger le Président de la République en cas de destitution.

Mandat : période pendant laquelle une personne est élue ou nommée pour occuper une fonction publique.

Résumé

Le Président de la République peut être démis de ses fonctions s'il commet un acte grave allant à l'encontre de sa fonction de chef de l'État.

Sa destitution est prononcée par la Haute Cour, composée des membres du Parlement, et présidée par le président de l'Assemblée nationale. Pour cela, ⅔ des membres de la Haute Cour doivent voter en faveur de sa destitution.

Décryptage

L'article 68 prévoit la possibilité de destituer le Président de la République et fixe la procédure à mettre en œuvre.

Cette procédure est encadrée par des règles et conditions de mise en œuvre strictes. L'article 68 garantit ainsi le Président de la République contre une destitution arbitraire ou politique.

Exemple

La procédure de l'article 68 n'a jamais été utilisée.

TITRE X :

DE LA RESPONSABILITÉ PÉNALE DES MEMBRES DU GOUVERNEMENT (ARTICLES 68-1 À 68-3)

ARTICLE 68-1

Les membres du Gouvernement sont pénalement responsables des actes accomplis dans l'exercice de leurs fonctions et qualifiés crimes ou délits au moment où ils ont été commis.

Ils sont jugés par la Cour de justice de la République.

La Cour de justice de la République est liée par la définition des crimes et délits ainsi que par la détermination des peines telles qu'elles résultent de la loi.

Les clés pour comprendre

Membres du Gouvernement : personnes nommées par le Président de la République pour exercer des fonctions ministérielles.

Cour de Justice de la République : juridiction d'exception chargée de juger les membres du Gouvernement pour des crimes ou délits commis dans l'exercice de leurs fonctions.

Résumé

Les membres du Gouvernement sont responsables pénalement des crimes et délits commis pendant l'exercice de leurs fonctions. Ils seront jugés par la Cour de Justice de la République.

Décryptage

Cet article vise à garantir la responsabilité pénale des membres du Gouvernement en cas d'actes répréhensibles commis dans l'exercice de leurs fonctions.

La Cour de Justice de la République est une juridiction spéciale qui assure l'indépendance et l'impartialité du jugement. Elle est naturellement liée par la définition et la détermination des peines prévues par la loi.

Ainsi, les membres du Gouvernement ne peuvent échapper à la loi en invoquant leur fonction.

Exemple

En 2010, Charles Pasqua, ancien Ministre de l'intérieur, est condamné par la Cour de Justice de la République pour recel d'abus de bien sociaux.

ARTICLE 68-2

La Cour de justice de la République comprend quinze juges : douze parlementaires élus, en leur sein et en nombre égal, par l'Assemblée nationale et par le Sénat après chaque renouvellement général ou partiel de ces assemblées et trois magistrats du siège à la Cour de cassation, dont l'un préside la Cour de justice de la République.

Toute personne qui se prétend lésée par un crime ou un délit commis par un membre du Gouvernement dans l'exercice de ses fonctions peut porter plainte auprès d'une commission des requêtes.

Cette commission ordonne soit le classement de la procédure, soit sa transmission au procureur général près la Cour de cassation aux fins de saisine de la Cour de justice de la République.

Le procureur général près la Cour de cassation peut aussi saisir d'office la Cour de justice de la République sur avis conforme de la commission des requêtes.

Une loi organique détermine les conditions d'application du présent article.

Les clés pour comprendre

Cour de Justice de la République : juridiction d'exception chargée de juger les crimes et délits commis par les membres du gouvernement dans l'exercice de leurs fonctions.

Procureur général près la Cour de cassation : magistrat chargé de représenter l'État dans les procédures devant la Cour de cassation et

191

pouvant saisir la Cour de Justice de la République sur avis conforme de la commission des requêtes.

Résumé

La Cour de Justice de la République composée de 15 juges, dont :

- 12 parlementaires élus par l'Assemblée nationale et le Sénat
- 3 magistrats du siège à la Cour de cassation.

Elle est chargée de juger les crimes et délits commis par les membres du gouvernement dans l'exercice de leurs fonctions.

Elle peut être saisie :

- Par toute personne s'estimant lésée par un prétendu crime ou délit. Pour cela, il faut déposer une plainte auprès de la Commission des requêtes. Celle-ci décidera de transmettre la plainte au Procureur général près la Cour de Cassation ou de classer l'affaire ;
- Directement par le Procureur général près la Cour de Cassation sur avis conforme de la commission des requêtes ;

Décryptage

L'article 68-2 de la Constitution précise la composition de la Cour de Justice de la république, ainsi que les modalités pour la saisir.

La procédure de saisine vise à assurer l'indépendance de la justice vis-à-vis de l'exécutif.

Exemple

En 2000, Ségolène Royal, ancienne ministre déléguée à l'enseignement scolaire, est relaxée par la Cour de Justice de la République. Deux enseignants lui reprochaient des faits de diffamation et avaient ainsi saisi la Commission des requêtes.

ARTICLE 68-3

Les dispositions du présent titre sont applicables aux faits commis avant son entrée en vigueur.

Les clés pour comprendre

Entrée en vigueur : moment où une loi entre en application

Résumé

Les règles relatives à la responsabilité pénale des membres du gouvernement s'appliquent également aux actes commis avant son entrée en vigueur.

Décryptage

Cet article garantit que les règles énoncées relatives à la responsabilité pénale des membres du gouvernement ne laissent pas impunis des actes commis avant leur entrée en vigueur.

Ainsi, même si une loi est modifiée ou abrogée, les faits commis avant ces changements pourront toujours être jugés selon les règles en vigueur au moment de leur commission.

TITRE XI :

LE CONSEIL ÉCONOMIQUE, SOCIAL ET ENVIRONNEMENTAL (ARTICLES 69 À 71)

ARTICLE 69

Le Conseil économique, social et environnemental, saisi par le Gouvernement, donne son avis sur les projets de loi, d'ordonnance ou de décret ainsi que sur les propositions de loi qui lui sont soumis.

Un membre du Conseil économique, social et environnemental peut être désigné par celui-ci pour exposer devant les assemblées parlementaires l'avis du Conseil sur les projets ou propositions qui lui ont été soumis.

Le Conseil économique, social et environnemental peut être saisi par voie de pétition dans les conditions fixées par une loi organique. Après examen de la pétition, il fait connaître au Gouvernement et au Parlement les suites qu'il propose d'y donner.

Les clés pour comprendre

Conseil économique, social et environnemental : une institution consultative chargée de donner des avis sur les projets de loi et de proposer des mesures dans les domaines économique, social et environnemental.

Ordonnance : une décision prise par le Gouvernement dans des domaines relevant normalement de la loi.

Décret : une décision prise par le Gouvernement pour préciser et appliquer des lois existantes.

Résumé

Sur demande du gouvernement, le Conseil économique, social et environnemental donne son avis sur les projets et propositions de loi, d'ordonnance ou de décret.

Un de ses membres peut être désigné pour présenter cet avis devant les assemblées parlementaires.

Il peut également être saisi par voie de pétition.

Décryptage

Cet article souligne le rôle consultatif du Conseil économique, social et environnemental dans le processus législatif.

Il est chargé de donner son avis sur les projets législatifs et réglementaires et de mesures dans les domaines économique, social et environnemental.

Il est accessible aux citoyens puisqu'il peut être saisi par le biais d'une pétition.

Les avis qu'il rend n'ont pas de force obligatoire. Ils ne sont que consultatifs, ce qui limite finalement l'impact de cette institution sur le processus législatif.

ARTICLE 70

Le Conseil économique, social et environnemental peut être consulté par le Gouvernement et le Parlement sur tout problème de caractère économique, social ou environnemental. Le Gouvernement peut également le consulter sur les projets de loi de programmation définissant les orientations pluriannuelles des finances publiques. Tout plan ou tout projet de loi de programmation à caractère économique, social ou environnemental lui est soumis pour avis.

ARTICLE 71

La composition du Conseil économique, social et environnemental, dont le nombre de membres ne peut excéder deux cent trente-trois, et ses règles de fonctionnement sont fixées par une loi organique.

Résumé

Le Conseil économique, social et environnemental est composé de maximum 233 membres.

Ses règles de fonctionnement sont définies par une loi organique.

Titre XI bis :

Le Défenseur des droits (Article 71-1)

ARTICLE 71-1

Le Défenseur des droits veille au respect des droits et libertés par les administrations de l'État, les collectivités territoriales, les établissements publics, ainsi que par tout organisme investi d'une mission de service public, ou à l'égard duquel la loi organique lui attribue des compétences.

Il peut être saisi, dans les conditions prévues par la loi organique, par toute personne s'estimant lésée par le fonctionnement d'un service public ou d'un organisme visé au premier alinéa. Il peut se saisir d'office.

La loi organique définit les attributions et les modalités d'intervention du Défenseur des droits. Elle détermine les conditions dans lesquelles il peut être assisté par un collège pour l'exercice de certaines de ses attributions.

Le Défenseur des droits est nommé par le Président de la République pour un mandat de six ans non renouvelable, après application de la procédure prévue au dernier alinéa de l'article 13. Ses fonctions sont incompatibles avec celles de membre du Gouvernement et de membre du Parlement. Les autres incompatibilités sont fixées par la loi organique.

Le Défenseur des droits rend compte de son activité au Président de la République et au Parlement.

Les clés pour comprendre

Loi organique : loi qui précise et organise l'application de la Constitution.

Mandat : période pendant laquelle une personne exerce une fonction.

Résumé

Le Défenseur des droits est une autorité indépendante chargée de veiller au respect des droits et libertés par l'Administration.

Il peut être saisi par toute personne s'estimant lésée par le fonctionnement d'un service public. Il peut également s'autosaisir.

Il est élu pour 6 ans non renouvelables par le Président de la République. Le Défenseur des droits ne peut pas cumuler ses fonctions avec celles de membres de député, sénateur ou de ministre.

Décryptage

Cet article garantit aux citoyens la protection de leurs droits et libertés face à l'administration.

Il leur permet de saisir directement le Défenseur des droits en cas de litige.

La durée limitée du mandat du Défenseur des droits ainsi que les incompatibilités définies par la loi organique visent à garantir son indépendance et son impartialité.

TITRE XII :

DES COLLECTIVITÉS TERRITORIALES

(ARTICLES 72 À 75-1)

ARTICLE 72

Les collectivités territoriales de la République sont les communes, les départements, les régions, les collectivités à statut particulier et les collectivités d'outre-mer régies par l'article 74. Toute autre collectivité territoriale est créée par la loi, le cas échéant en lieu et place d'une ou de plusieurs collectivités mentionnées au présent alinéa.

Les collectivités territoriales ont vocation à prendre les décisions pour l'ensemble des compétences qui peuvent le mieux être mises en oeuvre à leur échelon.

Dans les conditions prévues par la loi, ces collectivités s'administrent librement par des conseils élus et disposent d'un pouvoir réglementaire pour l'exercice de leurs compétences.

Dans les conditions prévues par la loi organique, et sauf lorsque sont en cause les conditions essentielles d'exercice d'une liberté publique ou d'un droit constitutionnellement garanti, les collectivités territoriales ou leurs groupements peuvent, lorsque, selon le cas, la loi ou le règlement l'a prévu, déroger, à titre expérimental et pour un objet et une durée limités, aux dispositions législatives ou réglementaires qui régissent l'exercice de leurs compétences.

Aucune collectivité territoriale ne peut exercer une tutelle sur une autre. Cependant, lorsque l'exercice d'une compétence nécessite le concours de plusieurs collectivités territoriales, la loi peut autoriser l'une d'entre elles ou un de leurs groupements à organiser les modalités de leur action commune.

Dans les collectivités territoriales de la République, le représentant de l'Etat, représentant de chacun des membres du Gouvernement, a la charge des intérêts nationaux, du contrôle administratif et du respect des lois.

Résumé

Les communes, départements, régions (etc..) sont des collectivités territoriales.

Elles s'administrent librement et peuvent prendre des décisions dans les domaines relevant de leur compétence.

Sous conditions, elles peuvent déroger aux lois et règlements en vigueur.

Elles ne peuvent exercer de tutelle les unes sur les autres, mais qu'elles peuvent coopérer dans le cadre de compétences communes.

Décryptage

Cet article définit les collectivités territoriales et pose le principe de leur liberté d'administration dans certains domaines.

Il souligne ainsi leur importance dans la vie du pays et leur autonomie tout en encadrant cette liberté par des lois.

L'absence de tutelle entre les collectivités et le rôle du représentant de l'État garantissent le respect des intérêts nationaux et des lois.

ARTICLE 72-1

La loi fixe les conditions dans lesquelles les électeurs de chaque collectivité territoriale peuvent, par l'exercice du droit de pétition, demander l'inscription à l'ordre du jour de l'assemblée délibérante de cette collectivité d'une question relevant de sa compétence.

Dans les conditions prévues par la loi organique, les projets de délibération ou d'acte relevant de la compétence d'une collectivité territoriale peuvent, à son initiative, être soumis, par la voie du référendum, à la décision des électeurs de cette collectivité.

Lorsqu'il est envisagé de créer une collectivité territoriale dotée d'un statut particulier ou de modifier son organisation, il peut être décidé par la loi de consulter les électeurs inscrits dans les collectivités intéressées. La modification des limites des collectivités territoriales peut également donner lieu à la consultation des électeurs dans les conditions prévues par la loi.

Résumé

Les citoyens peuvent participer à la démocratie locale en contribuant aux ordres du jour des assemblées des collectivités territoriales.

Les collectivités locales peuvent également soumettre un projet de décision aux électeurs par référendum.

En cas de création ou de modification d'une collectivité territoriale, les électeurs peuvent être consultés.

Décryptage

Cet article définit les procédures démocratiques applicables aux collectivités territoriales. Il souligne l'importance de la participation citoyenne dans la vie politique et administrative locale de la France.

ARTICLE 72-2

Les collectivités territoriales bénéficient de ressources dont elles peuvent disposer librement dans les conditions fixées par la loi.

Elles peuvent recevoir tout ou partie du produit des impositions de toutes natures. La loi peut les autoriser à en fixer l'assiette et le taux dans les limites qu'elle détermine.

Les recettes fiscales et les autres ressources propres des collectivités territoriales représentent, pour chaque catégorie de collectivités, une part déterminante de l'ensemble de leurs ressources. La loi organique fixe les conditions dans lesquelles cette règle est mise en oeuvre.

Tout transfert de compétences entre l'Etat et les collectivités territoriales s'accompagne de l'attribution de ressources équivalentes à celles qui étaient consacrées à leur exercice. Toute création ou extension de compétences ayant pour conséquence d'augmenter les dépenses des collectivités territoriales est accompagnée de ressources déterminées par la loi.

La loi prévoit des dispositifs de péréquation destinés à favoriser l'égalité entre les collectivités territoriales.

Les clés pour comprendre

Ressources : désigne les moyens financiers dont disposent les collectivités territoriales pour financer leurs activités.

Assiette : désigne la base de calcul de l'impôt.

Recettes fiscales : désigne les revenus issus des impôts et taxes.

Péréquation : désigne un mécanisme de redistribution des ressources entre les collectivités territoriales pour favoriser l'égalité entre elles.

Résumé

Les collectivités territoriales ont le droit de disposer librement de ressources, dans les limites fixées par une loi organique.

Tout transfert de compétences entre l'État et les collectivités territoriales doit être accompagné de ressources équivalentes. Il en est de même pour une extension de leurs compétences entraînant une augmentation des dépenses.

Des dispositifs de péréquation visent à promouvoir l'égalité entre les collectivités territoriales.

Décryptage

Cet article organise les ressources des collectivités territoriales et pose d'importants principes:

- La liberté d'utilisation des ressources ;
- La compensation en cas de transfert de compétence ;
- une certaine égalité entre les différentes collectivités territoriales grâce aux mécanismes de redistribution ;

ARTICLE 72-3

La République reconnaît, au sein du peuple français, les populations d'outre-mer, dans un idéal commun de liberté, d'égalité et de fraternité.

La Guadeloupe, la Guyane, la Martinique, La Réunion, Mayotte, Saint-Barthélemy, Saint-Martin, Saint-Pierre-et-Miquelon, les îles Wallis et Futuna et la Polynésie française sont régis par l'article 73 pour les départements et les régions d'outre-mer et pour les collectivités territoriales créées en application du dernier alinéa de l'article 73, et par l'article 74 pour les autres collectivités.

Le statut de la Nouvelle-Calédonie est régi par le titre XIII.

La loi détermine le régime législatif et l'organisation particulière des Terres australes et antarctiques françaises et de Clipperton.

Les clés pour comprendre

Populations d'outre-mer : habitants des territoires français situés en dehors de l'Europe

Résumé

La France reconnaît les populations d'outre-mer comme faisant partie intégrante du peuple français.

Décryptage

Cet article met en avant l'attachement de la France à ses territoires d'outre-mer. Il reconnaît leur place au sein du peuple français.

Il souligne également la diversité des statuts et régimes applicables à ces territoires, en fonction de leur situation géographique et de leur histoire.

Il distingue quatre catégories de collectivités territoriales :

- Les départements et régions d'outre-mer, régis par l'article 73 ;
- Les collectivités territoriales créées en application du dernier alinéa de l'article 73 ;
- La Nouvelle-Calédonie, régie par le titre XIII (articles 76 et 77) ;
- Les Terres australes et antarctiques françaises (TAAF) et l'île de Clipperton

ARTICLE 72-4

Aucun changement, pour tout ou partie de l'une des collectivités mentionnées au deuxième alinéa de l'article 72-3, de l'un vers l'autre des régimes prévus par les articles 73 et 74, ne peut intervenir sans que le consentement des électeurs de la collectivité ou de la partie de collectivité intéressée ait été préalablement recueilli dans les conditions prévues à l'alinéa suivant. Ce changement de régime est décidé par une loi organique.

Le Président de la République, sur proposition du Gouvernement pendant la durée des sessions ou sur proposition conjointe des deux assemblées, publiées au Journal officiel, peut décider de consulter les électeurs d'une collectivité territoriale située outre-mer sur une question relative à son organisation, à ses compétences ou à son régime législatif. Lorsque la consultation porte sur un changement prévu à l'alinéa précédent et est organisée sur proposition du Gouvernement, celui-ci fait, devant chaque assemblée, une déclaration qui est suivie d'un débat.

Résumé

Tout projet de changement de régime d'une collectivité territoriale cité à l'article 72-3 doit être approuvé par les électeurs concernés.

Ce changement est acté dans une loi organique.

Décryptage

Cet article vise à garantir la participation des citoyens dans les décisions qui affectent leur collectivité territoriale. Il met en place un processus démocratique pour tout changement de régime et donne le pouvoir de décision aux électeurs d'outre-mer.

ARTICLE 73

Dans les départements et les régions d'outre-mer, les lois et règlements sont applicables de plein droit. Ils peuvent faire l'objet d'adaptations tenant aux caractéristiques et contraintes particulières de ces collectivités.

Ces adaptations peuvent être décidées par ces collectivités dans les matières où s'exercent leurs compétences et si elles y ont été habilitées selon le cas, par la loi ou par le règlement.

Par dérogation au premier alinéa et pour tenir compte de leurs spécificités, les collectivités régies par le présent article peuvent être habilitées, selon le cas, par la loi ou par le règlement, à fixer elles-mêmes les règles applicables sur leur territoire, dans un nombre limité de matières pouvant relever du domaine de la loi ou du règlement.

Ces règles ne peuvent porter sur la nationalité, les droits civiques, les garanties des libertés publiques, l'état et la capacité des personnes, l'organisation de la justice, le droit pénal, la procédure pénale, la politique étrangère, la défense, la sécurité et l'ordre publics, la monnaie, le crédit et les changes, ainsi que le droit électoral. Cette énumération pourra être précisée et complétée par une loi organique.

La disposition prévue aux deux précédents alinéas n'est pas applicable au département et à la région de La Réunion.

Les habilitations prévues aux deuxième et troisième alinéas sont décidées, à la demande de la collectivité concernée, dans les conditions et sous les réserves prévues par une loi organique. Elles ne peuvent intervenir lorsque sont en cause les conditions essentielles

215

d'exercice d'une liberté publique ou d'un droit constitutionnellement garanti.

La création par la loi d'une collectivité se substituant à un département et une région d'outre-mer ou l'institution d'une assemblée délibérante unique pour ces deux collectivités ne peut intervenir sans qu'ait été recueilli, selon les formes prévues au second alinéa de l'article 72-4, le consentement des électeurs inscrits dans le ressort de ces collectivités.

Les clés pour comprendre

Compétences : domaine d'action et de prise de décision des collectivités territoriales.

Loi organique : texte législatif qui précise et complète la constitution.

Résumé

Les lois et règlements s'appliquent automatiquement aux départements et territoires d'outre-mer. Ils peuvent néanmoins faire l'objet d'adaptations pour prendre en compte leurs particularités.

Ces adaptations peuvent être décidées par les collectivités elles-mêmes, si elles ont été habilitées par la loi ou un règlement.

Certaines matières ne peuvent pas être modifiées, comme la nationalité, les droits civiques, ou encore la politique étrangère.

Enfin, la création d'une nouvelle collectivité ou d'une assemblée unique pour remplacer un département et une région d'outre-mer doit être approuvée par les électeurs de ces territoires.

Décryptage

Cet article met en lumière la spécificité des départements et des régions d'outre-mer. Ils bénéficient d'une certaine autonomie dans l'adaptation des lois et règlements sur leur territoire. Cela leur permet de prendre en compte leurs particularités géographiques, économiques, sociales et culturelles.

Cependant, cette autonomie est limitée. Certains sujets ne peuvent pas être modifiés et doivent s'appliquer de manière uniforme sur l'ensemble du territoire français.

La création d'une nouvelle collectivité ou d'une assemblée unique pour remplacer un département et une région d'outre-mer est également soumise à l'approbation des citoyens, garantissant ainsi leur participation à la prise de décision.

ARTICLE 74

Les collectivités d'outre-mer régies par le présent article ont un statut qui tient compte des intérêts propres de chacune d'elles au sein de la République.

Ce statut est défini par une loi organique, adoptée après avis de l'assemblée délibérante, qui fixe :

-les conditions dans lesquelles les lois et règlements y sont applicables;

-les compétences de cette collectivité ; sous réserve de celles déjà exercées par elle, le transfert de compétences de l'Etat ne peut porter sur les matières énumérées au quatrième alinéa de l'article 73, précisées et complétées, le cas échéant, par la loi organique ;

-les règles d'organisation et de fonctionnement des institutions de la collectivité et le régime électoral de son assemblée délibérante ;

-les conditions dans lesquelles ses institutions sont consultées sur les projets et propositions de loi et les projets d'ordonnance ou de décret comportant des dispositions particulières à la collectivité, ainsi que sur la ratification ou l'approbation d'engagements internationaux conclus dans les matières relevant de sa compétence.

La loi organique peut également déterminer, pour celles de ces collectivités qui sont dotées de l'autonomie, les conditions dans lesquelles :

-le Conseil d'Etat exerce un contrôle juridictionnel spécifique sur certaines catégories d'actes de l'assemblée délibérante intervenant au titre des compétences qu'elle exerce dans le domaine de la loi ;

-l'assemblée délibérante peut modifier une loi promulguée postérieurement à l'entrée en vigueur du statut de la collectivité, lorsque le Conseil constitutionnel, saisi notamment par les autorités de la collectivité, a constaté que la loi était intervenue dans le domaine de compétence de cette collectivité ;

-des mesures justifiées par les nécessités locales peuvent être prises par la collectivité en faveur de sa population, en matière d'accès à l'emploi, de droit d'établissement pour l'exercice d'une activité professionnelle ou de protection du patrimoine foncier ;

-la collectivité peut participer, sous le contrôle de l'Etat, à l'exercice des compétences qu'il conserve, dans le respect des garanties accordées sur l'ensemble du territoire national pour l'exercice des libertés publiques.

Les autres modalités de l'organisation particulière des collectivités relevant du présent article sont définies et modifiées par la loi après consultation de leur assemblée délibérante.

Les clés pour comprendre

Loi organique : loi spéciale adoptée pour des situations particulières

Compétences : domaines dans lesquels une entité a le pouvoir d'agir

Transfert de compétences : délégation de pouvoir d'une entité à une autre

Résumé

Le statut des collectivités d'outre mer est fixé dans une loi organique.

Cette loi fixe les conditions d'application des lois et règlements, les compétences de la collectivité, les règles d'organisation et de fonctionnement des institutions, ainsi que les modalités de consultation sur les projets de loi et engagements internationaux.

La loi organique peut également déterminer les conditions dans lesquelles la collectivité peut exercer certaines compétences et participer à l'exercice des compétences de l'État.

Les modalités de l'organisation de ces collectivités sont définies par la loi après consultation de leur assemblée délibérante.

Décryptage

Cet article vise à donner un statut particulier aux collectivités d'outre-mer en tenant compte leurs intérêts spécifiques au sein de la République française.

Il prévoit également un transfert de compétences de l'État vers ces collectivités, tout en garantissant un contrôle juridictionnel spécifique pour certains actes.

La loi organique permet également une certaine autonomie pour ces collectivités puisqu'elle leur permet de prendre des mesures adaptées à leurs besoins locaux.

Enfin, elles peuvent participer à l'exercice des compétences de l'État, dans le respect des garanties accordées à l'ensemble du territoire français.

ARTICLE 74-1

Dans les collectivités d'outre-mer visées à l'article 74 et en Nouvelle-Calédonie, le Gouvernement peut, par ordonnances, dans les matières qui demeurent de la compétence de l'État, étendre, avec les adaptations nécessaires, les dispositions de nature législative en vigueur en métropole ou adapter les dispositions de nature législative en vigueur à l'organisation particulière de la collectivité concernée, sous réserve que la loi n'ait pas expressément exclu, pour les dispositions en cause, le recours à cette procédure.

Les ordonnances sont prises en conseil des ministres après avis des assemblées délibérantes intéressées et du Conseil d'Etat. Elles entrent en vigueur dès leur publication. Elles deviennent caduques en l'absence de ratification par le Parlement dans le délai de dix-huit mois suivant cette publication.

Les clés pour comprendre :

Ordonnances : décisions prises par le Gouvernement pour modifier ou adapter des textes de loi.

Compétence de l'État : pouvoir et responsabilité de l'État sur un domaine spécifique.

Conseil des ministres : réunion des ministres pour prendre des décisions importantes pour le pays.

Conseil d'État : institution chargée de conseiller le Gouvernement et de vérifier la légalité des actes administratifs.

Ratification : approbation officielle d'une décision ou d'un texte par une autorité compétente.

Parlement : ensemble des députés et sénateurs chargés de voter les lois.

Caducité : état d'une décision ou d'un texte qui n'est plus en vigueur car non ratifié dans le délai imparti.

Résumé :

Dans les collectivités d'outre-mer et en Nouvelle-Calédonie, le Gouvernement peut, par ordonnances, modifier ou adapter les dispositions législatives en vigueur en métropole pour qu'elles s'appliquent de manière efficace et adaptée dans ces territoires.

Les ordonnances doivent être ratifiées par le Parlement dans un délai de 18 mois pour rester en vigueur.

Décryptage :

Cet article permet au Gouvernement de prendre des décisions rapides et adaptées aux spécificités des collectivités d'outre-mer et de la Nouvelle-Calédonie, sans avoir à passer par le processus législatif classique.

La ratification par le Parlement permet de garantir un contrôle démocratique et de s'assurer que ces décisions restent en accord avec l'intérêt général.

ARTICLE 75

Les citoyens de la République qui n'ont pas le statut civil de droit commun, seul visé à l'article 34, conservent leur statut personnel tant qu'ils n'y ont pas renoncé.

Les clés pour comprendre

Citoyens de la République : Personnes possédant la nationalité française.

Statut civil de droit commun : Statut juridique applicable à tous les citoyens français en matière civile.

Statut personnel ; Règles juridiques particulières qui s'appliquent à certains citoyens en raison de leur appartenance à une certaine communauté ou région.

Résumé

Les citoyens de la République qui ne sont pas soumis au statut civil de droit commun, conservent leur statut personnel tant qu'ils ne renoncent pas à celui-ci.

Décryptage

Cet article vise à protéger les différentes catégories de citoyens qui ont un statut personnel spécifique, en leur permettant de conserver ce statut même s'ils ne sont pas soumis au régime juridique commun. Il s'agit également d'une reconnaissance d'un statut civil coutumier.

ARTICLE 75-1

Les langues régionales appartiennent au patrimoine de la France.

Les clés pour comprendre

Langues régionales : langues parlées dans une région spécifique d'un pays, différentes de la langue officielle de ce pays.

Patrimoine : ensemble des biens et des valeurs culturelles, historiques et artistiques d'un pays ou d'une région.

Résumé

Cet article reconnaît que les langues régionales font partie du patrimoine de la France.

Décryptage

Cet article souligne l'importance des langues régionales en tant que composante de l'identité culturelle et historique de la France. Il illustre la reconnaissance de la France et la valorisation de la diversité linguistique dans le patrimoine français.

TITRE XIII :

DISPOSITIONS TRANSITOIRES RELATIVES À LA NOUVELLE-CALÉDONIE (ARTICLES 76 À 77)

ARTICLE 76

Les populations de la Nouvelle-Calédonie sont appelées à se prononcer avant le 31 décembre 1998 sur les dispositions de l'accord signé à Nouméa le 5 mai 1998 et publié le 27 mai 1998 au Journal officiel de la République française.

Sont admises à participer au scrutin les personnes remplissant les conditions fixées à l'article 2 de la loi n° 88-1028 du 9 novembre 1988.

Les mesures nécessaires à l'organisation du scrutin sont prises par décret en Conseil d'Etat délibéré en conseil des ministres.

ARTICLE 77

Après approbation de l'accord lors de la consultation prévue à l'article 76, la loi organique, prise après avis de l'assemblée délibérante de la Nouvelle-Calédonie, détermine, pour assurer l'évolution de la Nouvelle-Calédonie dans le respect des orientations définies par cet accord et selon les modalités nécessaires à sa mise en oeuvre :

-les compétences de l'Etat qui seront transférées, de façon définitive, aux institutions de la Nouvelle-Calédonie, l'échelonnement et les modalités de ces transferts, ainsi que la répartition des charges résultant de ceux-ci ;

-les règles d'organisation et de fonctionnement des institutions de la Nouvelle-Calédonie et notamment les conditions dans lesquelles certaines catégories d'actes de l'assemblée délibérante de la Nouvelle-Calédonie pourront être soumises avant publication au contrôle du Conseil constitutionnel ;

-les règles relatives à la citoyenneté, au régime électoral, à l'emploi et au statut civil coutumier ;

-les conditions et les délais dans lesquels les populations intéressées de la Nouvelle-Calédonie seront amenées à se prononcer sur l'accession à la pleine souveraineté.

Les autres mesures nécessaires à la mise en oeuvre de l'accord mentionné à l'article 76 sont définies par la loi.

Pour la définition du corps électoral appelé à élire les membres des assemblées délibérantes de la Nouvelle-Calédonie et des provinces, le tableau auquel se réfèrent l'accord mentionné à l'article 76 et les articles 188 et 189 de la loi organique n° 99-209 du 19 mars 1999 relative à la Nouvelle-Calédonie est le tableau dressé à l'occasion du scrutin prévu audit article 76 et comprenant les personnes non admises à y participer.

Titre XIV :

De la francophonie et des accords d'association

(Articles 87 à 88)

ARTICLE 87

La République participe au développement de la solidarité et de la coopération entre les États et les peuples ayant le français en partage.

Résumé

La France, en tant que République, vise à promouvoir la solidarité et la coopération entre les États et les peuples francophones.

Décryptage

Cet article souligne l'importance de la France en tant que nation francophone dans le développement de la solidarité et de la coopération internationale. Il met en avant le rôle de la langue française comme un facteur de rassemblement et de partage entre les différentes nations. Il reflète également l'engagement de la France envers les valeurs de paix et d'entraide entre les peuples.

Exemple

En 2020, le ministre des affaires étrangères a annoncé une aide financière au Burkina Faso, pays francophone, pour l'aider à lutter contre le covid-19.

ARTICLE 88

La République peut conclure des accords avec des Etats qui désirent s'associer à elle pour développer leurs civilisations.

Résumé

La France peut conclure des accords avec des États souverains qui souhaitent s'associer à elle pour développer leurs civilisations.

Décryptage

Cet article montre que la République française est ouverte à la coopération et à l'échange avec d'autres nations pour favoriser le développement de leur culture et de leur société. Il souligne également la volonté de la France de participer à l'enrichissement mutuel des civilisations.

Exemple

En 1975, la France et le Bénin, pays francophone, ont signé un accord de coopération.

TITRE XV :

DE L'UNION EUROPÉENNE

(ARTICLES 88-1 À 88-7)

ARTICLE 88-1

La République participe à l'Union européenne constituée d'Etats qui ont choisi librement d'exercer en commun certaines de leurs compétences en vertu du traité sur l'Union européenne et du traité sur le fonctionnement de l'Union européenne, tels qu'ils résultent du traité signé à Lisbonne le 13 décembre 2007.

NOTA :
Loi constitutionnelle n° 2008-103 du 4 février 2008, art. 2 : le présent article entrera en vigueur à compter de l'entrée en vigueur du traité de Lisbonne modifiant le traité sur l'Union européenne et le traité instituant la Communauté européenne, signé le 13 décembre 2007. Le traité de Lisbonne est entré en vigueur le 1er décembre 2009.

Les clés pour comprendre

Union européenne : organisation politique et économique regroupant plusieurs États européens.

Traité sur l'Union européenne (TUE) : Traité de Maastricht signé en 1992. Accord qui définit les objectifs, les valeurs et le fonctionnement de l'Union européenne.

Traité sur le fonctionnement de l'Union européenne (TFUE) : Traité de Rome, signé en 1957. Accord qui précise les compétences et les modalités d'action de l'Union européenne.

Traité de Lisbonne : Traité signé en 2007. Accord qui a modifié le TUE et le TFUE.

Résumé

La France fait partie de l'Union européenne.

Ses États membres ont choisi de partager certaines de leurs compétences dans le cadre du TUE et du TFUE, tels qu'ils résultent du traité de Lisbonne.

Décryptage

Cet article souligne l'adhésion de la France à l'Union européenne. Il rappelle que celle-ci repose sur un choix volontaire des États membres.

Cet article a été modifié plusieurs fois afin de permettre la ratification des traités européens mentionnés.

ARTICLE 88-2

La loi fixe les règles relatives au mandat d'arrêt européen en application des actes pris par les institutions de l'Union européenne.

NOTA :
Loi constitutionnelle n° 2008-103 du 4 février 2008, art. 2 : le présent article entrera en vigueur à compter de l'entrée en vigueur du traité de Lisbonne modifiant le traité sur l'Union européenne et le traité instituant la Communauté européenne, signé le 13 décembre 2007. Le traité de Lisbonne est entré en vigueur le 1er décembre 2009.

Les clés pour comprendre

Mandat d'arrêt européen : procédure judiciaire qui permet à un État membre de l'Union européenne de demander l'extradition d'un individu soupçonné d'avoir commis un crime sur son territoire.

Institutions : organes politiques et administratifs chargés de la gestion et de la prise de décision au sein de l'Union européenne.

Résumé

La loi fixe les règles concernant le mandat d'arrêt européen, en se basant sur les décisions prises par les institutions de l'Union européenne.

Décryptage

Cet article garantit la constitutionnalité du mandat d'arrêt européen.

ARTICLE 88-3

Sous réserve de réciprocité et selon les modalités prévues par le Traité sur l'Union européenne signé le 7 février 1992, le droit de vote et d'éligibilité aux élections municipales peut être accordé aux seuls citoyens de l'Union résidant en France. Ces citoyens ne peuvent exercer les fonctions de maire ou d'adjoint ni participer à la désignation des électeurs sénatoriaux et à l'élection des sénateurs. Une loi organique votée dans les mêmes termes par les deux assemblées détermine les conditions d'application du présent article.

Les clés pour comprendre

Éligibilité : qualité d'être éligible, c'est-à-dire d'être apte à être élu à un poste politique.

Citoyens de l'Union : personnes ayant la nationalité d'un État membre de l'Union européenne.

Loi organique : loi qui précise et complète les dispositions prévues par la constitution.

Résumé

Sous certaines conditions, les citoyens de l'Union européenne résidant en France peuvent avoir le droit de vote et d'éligibilité aux élections municipales.

Cependant, ils ne peuvent pas exercer les fonctions de maire ou d'adjoint au maire, ni participer à l'élection des sénateurs.

Les modalités d'application de cet article sont précisées par une loi organique votée par les deux assemblées.

Décryptage

Cet article traite la question de la participation politique des citoyens de l'Union européenne résidant en France. La Constitution vise à favoriser leur intégration dans la vie politique locale en leur accordant le droit de vote et d'éligibilité.

Leur influence reste néanmoins limitée par l'interdiction d'exercer les fonctions de maire ou d'adjoint et par l'impossibilité de participer à l'élection des sénateurs.

ARTICLE 88-4

Le Gouvernement soumet à l'Assemblée nationale et au Sénat, dès leur transmission au Conseil de l'Union européenne, les projets d'actes législatifs européens et les autres projets ou propositions d'actes de l'Union européenne.

Selon des modalités fixées par le règlement de chaque assemblée, des résolutions européennes peuvent être adoptées, le cas échéant en dehors des sessions, sur les projets ou propositions mentionnés au premier alinéa, ainsi que sur tout document émanant d'une institution de l'Union européenne.

Au sein de chaque assemblée parlementaire est instituée une commission chargée des affaires européennes.

NOTA :
Loi constitutionnelle n° 2008-103 du 4 février 2008, art. 2 : le présent article entrera en vigueur à compter de l'entrée en vigueur du traité de Lisbonne modifiant le traité sur l'Union européenne et le traité instituant la Communauté européenne, signé le 13 décembre 2007. Le traité de Lisbonne est entré en vigueur le 1er décembre 2009.

Les clés pour comprendre

Conseil de l'Union européenne: Institution de l'Union européenne composée des représentants des Etats membres.

Résolutions européennes: Prises de position du parlement français sur les projets ou propositions d'actes de l'Union européenne.

Résumé

Le Gouvernement doit soumettre aux deux chambres du Parlement les projets et propositions d'actes législatifs européens , ainsi que tout document émanant d'une institution de l'Union européenne.

Des résolutions européennes peuvent également être adoptées par les assemblées parlementaires sur ces sujets. Chaque assemblée dispose d'une commission chargée des affaires européennes.

Décryptage

Cet article met en place un mécanisme de contrôle et de suivi des décisions prises au niveau européen par le Parlement.

Il garantit ainsi la participation du Parlement dans le processus législatif de l'Union européenne.

ARTICLE 88-5

Tout projet de loi autorisant la ratification d'un traité relatif à l'adhésion d'un État à l'Union européenne est soumis au référendum par le Président de la République.

Toutefois, par le vote d'une motion adoptée en termes identiques par chaque assemblée à la majorité des trois cinquièmes, le Parlement peut autoriser l'adoption du projet de loi selon la procédure prévue au troisième alinéa de l'article 89.

NOTA :

Loi constitutionnelle n° 2008-103 du 4 février 2008, art. 2 : le présent article entrera en vigueur à compter de l'entrée en vigueur du traité de Lisbonne modifiant le traité sur l'Union européenne et le traité instituant la Communauté européenne, signé le 13 décembre 2007. Le traité de Lisbonne est entré en vigueur le 1er décembre 2009.Loi constitutionnelle n° 2008-724 du 23 juillet 2008 article 47 III : L'article 88-5 de la Constitution, dans sa rédaction résultant tant de l'article 44 de la présente loi constitutionnelle que du 2° du I du présent article, n'est pas applicable aux adhésions faisant suite à une conférence intergouvernementale dont la convocation a été décidée par le Conseil européen avant le 1er juillet 2004.

Les clés pour comprendre

Traité : accord international entre plusieurs États

Référendum : consultation directe du peuple sur une question politique

Résumé

Tout projet de loi autorisant l'adhésion d'un État à l'Union européenne doit être soumis à un référendum par le Président de la République. Il est possible de se passer de référendum si le Parlement adopte le texte à la majorité des 3/5e.

Décryptage

Cet article assure un contrôle démocratique de tout projet d'adhésion d'un nouvel État au sein de l'Union Européenne puisque le peuple est consulté soit directement par voie de référendum soit indirectement par l'expression du Parlement.

ARTICLE 88-6

L'Assemblée nationale ou le Sénat peuvent émettre un avis motivé sur la conformité d'un projet d'acte législatif européen au principe de subsidiarité. L'avis est adressé par le président de l'assemblée concernée aux présidents du Parlement européen, du Conseil et de la Commission européenne. Le Gouvernement en est informé.

Chaque assemblée peut former un recours devant la Cour de justice de l'Union européenne contre un acte législatif européen pour violation du principe de subsidiarité. Ce recours est transmis à la Cour de justice de l'Union européenne par le Gouvernement.

À cette fin, des résolutions peuvent être adoptées, le cas échéant en dehors des sessions, selon des modalités d'initiative et de discussion fixées par le règlement de chaque assemblée. À la demande de soixante députés ou de soixante sénateurs, le recours est de droit.

NOTA :
Loi constitutionnelle n° 2008-103 du 4 février 2008, art. 2 : le présent article entrera en vigueur à compter de l'entrée en vigueur du traité de Lisbonne modifiant le traité sur l'Union européenne et le traité instituant la Communauté européenne, signé le 13 décembre 2007. Le traité de Lisbonne est entré en vigueur le 1er décembre 2009.

Les clés pour comprendre

Principe de subsidiarité : Principe selon lequel l'Union européenne ne doit intervenir sur un sujet que si son action est plus efficace au niveau européen que national.

Commission européenne : Institution européenne dont la mission est notamment de proposer et mettre en œuvre les politiques de l'Union Européenne.

Résumé

Le Parlement peut émettre un avis sur la conformité d'un projet d'acte législatif européen au principe de subsidiarité. Il peut également former un recours devant la Cour de justice de l'Union européenne en cas de violation de ce principe. Des résolutions peuvent être adoptées pour cela, et le recours est de droit si 60 députés ou 60 sénateurs en font la demande.

Décryptage

L'article 88-6 vise à garantir le respect du principe de subsidiarité et la souveraineté de la France.

Il permet au Parlement de contrôler les projets européens et de s'assurer que l'Union européenne n'intervient que lorsque cela est nécessaire.

ARTICLE 88-7

Par le vote d'une motion adoptée en termes identiques par l'Assemblée nationale et le Sénat, le Parlement peut s'opposer à une modification des règles d'adoption d'actes de l'Union européenne dans les cas prévus, au titre de la révision simplifiée des traités ou de la coopération judiciaire civile, par le traité sur l'Union européenne et le traité sur le fonctionnement de l'Union européenne, tels qu'ils résultent du traité signé à Lisbonne le 13 décembre 2007.

NOTA :

Loi constitutionnelle n° 2008-103 du 4 février 2008, art. 2 : le présent article entrera en vigueur à compter de l'entrée en vigueur du traité de Lisbonne modifiant le traité sur l'Union européenne et le traité instituant la Communauté européenne, signé le 13 décembre 2007. Le traité de Lisbonne est entré en vigueur le 1er décembre 2009.

Les clés pour comprendre

Motion : texte adopté par une assemblée pour exprimer une opinion ou une décision.

Résumé

Le Parlement peut s'opposer à certains des actes de l'Union européenne. Pour cela, les deux assemblées doivent voter une motion.

Décryptage

Cet article permet de protéger la souveraineté de la France et son pouvoir décisionnel au sein de l'Union européenne.

TITRE XVI :

DE LA RÉVISION

(ARTICLE 89)

ARTICLE 89

L'initiative de la révision de la Constitution appartient concurremment au Président de la République sur proposition du Premier ministre et aux membres du Parlement.

Le projet ou la proposition de révision doit être examiné dans les conditions de délai fixées au troisième alinéa de l'article 42 et voté par les deux assemblées en termes identiques. La révision est définitive après avoir été approuvée par référendum.

Toutefois, le projet de révision n'est pas présenté au référendum lorsque le Président de la République décide de le soumettre au Parlement convoqué en Congrès ; dans ce cas, le projet de révision n'est approuvé que s'il réunit la majorité des trois cinquièmes des suffrages exprimés. Le bureau du Congrès est celui de l'Assemblée nationale.

Aucune procédure de révision ne peut être engagée ou poursuivie lorsqu'il est porté atteinte à l'intégrité du territoire.

La forme républicaine du Gouvernement ne peut faire l'objet d'une révision.

Les clés pour comprendre

Congrès : réunion des deux assemblées du Parlement pour voter un projet de révision de la Constitution.

Intégrité du territoire : principe selon lequel il est interdit de modifier les limites géographiques du territoire français.

Forme républicaine du Gouvernement : principe fondamental de la Constitution selon lequel la France est une République.

Résumé

L'article 89 établit les conditions de révision de la Constitution.

L'initiative de la révision peut être prise par le Président de la République sur proposition du Premier ministre ou par les membres du Parlement.

Le projet ou la proposition de révision doit être examiné et voté par les deux assemblées dans un délai fixé, puis soumis au référendum pour approbation.

Toutefois, le projet peut être soumis directement au Parlement en Congrès, et doit alors obtenir une majorité qualifiée de trois cinquièmes pour être approuvé.

Aucune révision ne peut être effectuée si elle porte atteinte à l'intégrité du territoire ou à la forme républicaine du Gouvernement.

Décryptage

L'article 89 encadre strictement la procédure de révision de la Constitution et vise ainsi à garantir sa stabilité.

Il prévoit une double voie de révision :

- Par le référendum

- Par le Parlement réuni en Congrès.

Il établit des limites claires en interdisant toute révision qui porterait atteinte :

- À l'intégrité du territoire
- À la forme républicaine du Gouvernement.

Ainsi, l'article 89 contribue à la préservation de l'État de droit en France.

Exemple

La dernière révision constitutionnelle date de 2008. La loi constitutionnelle du 23 juillet 2008, adoptée par le Parlement réuni en Congrès, comporte des réformes majeures dont :

- Le référendum d'initiative partagée ;
- La question prioritaire de constitutionnalité ;
- L'obligation du gouvernement d'informer le Parlement en cas d'intervention des forces armées à l'étranger ;
- La création du Défenseur des droits ;

Le Président de la République : RENE COTY

Le Président du Conseil des ministres, CHARLES DE GAULLE

Le Ministre d'Etat, GUY MOLLET

Le Ministre d'Etat, PIERRE PFLIMLIN

Le Ministre d'Etat, FELIX HOUPHOUET-BOIGNY

Le Ministre d'Etat, LOUIS JACQUINOT

Le Ministre délégué à la Présidence du Conseil, ANDRE MALRAUX

Le Garde des Sceaux, Ministre de la Justice, MICHEL DEBRE

Le Ministre des Affaires étrangères, MAURICE COUVE DE MURVILLE

Le Ministre de l'Intérieur, EMILE PELLETIER

Le Ministre des Armées, PIERRE GUILLAUMAT

Le Ministre des Finances et des Affaires économiques, ANTOINE PINAY.

Ton avis compte !

Cher lecteur,

Ton avis compte énormément pour moi. Afin d'améliorer constamment la qualité de cet ouvrage et de mieux répondre à tes attentes, j'aimerais recueillir ton avis sur ce livre.

Je t'invite à remplir ce formulaire en ligne : lien

Cela ne te prendra que quelques minutes, mais cela m'aidera grandement à perfectionner les futures éditions de cet ouvrage.

Merci d'avance pour ton temps et ton précieux retour !

Chaleureusement,

Juliette.

ISBN 9798865325659

Printed by Amazon Italia Logistica S.r.l.
Torrazza Piemonte (TO), Italy

58291387R00147